考古学研究調査ハンドブック②
縄文土器の技法
可児通宏

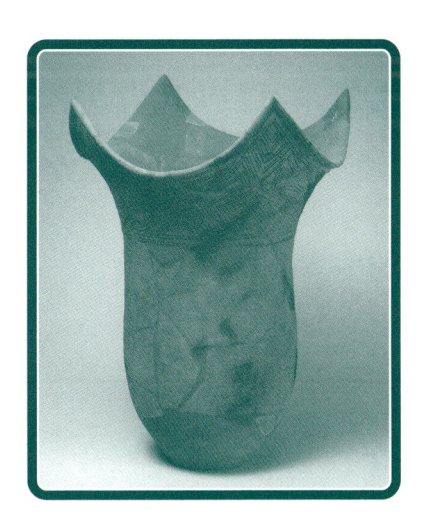

同成社

はじめに

　縄文土器はどのようにして作られたのか。この製作法についての研究は、現在、次のような方法を用いたアプローチがなされている。
　①縄文土器を多数かつ詳細に観察して、その製作方法を明らかにしていくという方法
　②実験考古学の手法を用いて、縄文土器と同じものを実際に作ってみるという方法
　③世界各地の土器作りに関する民族誌を参考にして、縄文土器の製作方法を推定していくという方法
という以上の３つの方法である。私は縄文土器の研究は縄文土器そのものの研究から出発すべきであると考えているので、可能な限り多数の縄文土器を観察し、土器の表面や裏面、壊れた破片の断面などに認められる製作法に起因すると見られるさまざまな痕跡から土器の製作法を明らかにしていくという方法をとっている。
　ところで、これまで行われてきた縄文土器の製作法についての研究成果を見てみると、この研究方法の違いによってその内容にも大きな違いが生じていることがわかる。とくにここで述べる①の方法による本研究の成果と比較すると、②の実験考古学の方法を用いた研究成果との間には大きな違いがある。
　この違いはどこから生じているのか。その原因を考えてみる

と、実験考古学による研究では、粘土の採取から焼成までの工程を実際に体験しながら行っているため、どうしても実物によく似たものができあがると、縄文土器の製作法とはこういうものであり、こういう方法で作られていたに違いないという、具体的な考古資料による裏づけを欠いた実験の場だけの結論ができあがるのではないかと考えられるのである。製作実験では往々にして現代の製陶技術が参考にされるため、失敗することは少ないが、それらしい作品ができあがると、あたかもその方法が縄文時代にも存在したに違いない。縄文時代の製作法によって再現された作品であるというような錯覚に陥りやすいのではなかろうか。

　ここでは一々その違いについては触れないが、昨今、博物館などで盛況を呈している"縄文土器作り教室"のような体験学習の場での土器作りを見ていると、やはり製作実験について感じるのと同じような感想を抱かざるをえないのである。"縄文土器は果たしてそのような方法で作られていたのか"という素朴な疑問である。だからといって、縄文工芸の粋を集めたような素晴らしい縄文土器を作ってみることは、それはそれで意義のあることだと思われるし、縄文土器に似せた作品を作ることがすべて悪いといっているわけではないのである。要は、そのことと製作法に関する研究とは必ずしも一緒にはならないということであり、かりに製作実験や体験学習の場で縄文土器と同じような作品ができあがったとしても、そこには具体的な考古資料による裏づけがなければ、それは縄文時代の土器作りを正確

には追体験したということにはならないのである。それでも製作実験がこの研究において一定の役割を果たしているのは、現状では縄文土器の製作工程を、考古資料のみで明らかにすることは不可能であるからである。

　巷では縄文土器の製作法は、製作実験の成果によって語られることが多いが、本書は具体的な考古資料の観察を通して明らかとなった縄文土器の製作法についてまとめたものである。

目　　次

はじめに　1
1．土器を焼く技術の発明 ……………………………… 9
2．土器作りの基本工程 ……………………………………17
3．原材料 ………………………………………………………23
　(1)　粘土　23
　(2)　混和材　29
　　ア　無機質混和材　30
　　イ　有機質混和材　32
　(3)　混和材を混入することの意義　38
4．土器の成形 ………………………………………………45
　(1)　下に敷く敷物　47
　(2)　成形の方法　54
　　ア　紐作り法（輪積み法・巻き上げ法）　54
　　イ　手捏ね法　55
　　ウ　型起こし法　56
　(3)　輪積み法による成形　58
5．器面の仕上げ（整形） …………………………………77
6．文様の施文 ………………………………………………79
　(1)　沈文　79
　(2)　浮文　81

（3）　塗彩・彩文　83
　　（4）　施文のルール　86
　7．器面の仕上げ（研磨・削り） ……………………93
　　（1）　研磨　93
　　（2）　削り　94
　8．乾燥 ……………………………………………97
　9．焼成 ……………………………………………99
　10．縄文土器の文様……………………………… 107
　　（1）　自然界から形を取る　108
　　（2）　特別に仕立てられた施文具　111
　　（3）　いろいろな縄文　114
　　（4）　色彩によるデザイン　119
　11．縄文土器はいつ作られたのか ………………… 123
　12．縄文土器は男が作ったものなのか、女が作った
　　　ものなのか ………………………………… 131
引用・参考文献　139
おわりに　146

縄文土器の技法

1. 土器を焼く技術の発明

　かつて、土器は西アジアで発明されたものであるといわれていたことがある。世界の各地で発見されている土器は、いずれもそのルーツは西アジアの農耕社会の中で発明された土器にあり、日本の縄文土器も西アジアから伝播したものであるという仮説である。

　ところが、昭和25年と30年に調査された神奈川県夏島貝塚の年代が、放射性炭素年代法による測定によって明らかとなったことから事態は一変した。当時、最古の縄文土器と考えられていた土器は稲荷台遺跡や夏島貝塚など南関東の遺跡から出土した撚糸文系土器で、その年代は西アジアの土器よりは新しいものと見られていたが、夏島貝塚の年代はそれよりも古く出た。当時、世界最古の土器と考えられていた西アジアの土器には、約7,000年前という年代が与えられていたが、夏島貝塚から出土した土器に対しては、それよりもさらに古い約9,500年前という年代が与えられたのである。このことから、放射性炭素年代法の信憑性について異を唱えた山内清男の発言はよく知られている（山内・佐藤 1964など）が、縄文土器に世界最古の土器の年代が与えられたことにより、縄文土器のルーツは西アジアの土器にあるという説は成り立たなくなった。

このことによって、西アジアの土器と東アジアの土器は別個に発明されたのではないかという新たな仮説が出てきた（芹沢1962）。土器の起源地は西アジアであるとする従来の一元論の考え方に対して、複数の場所で発明されたのではないかとする多元論の考え方である。縄文土器の起源については、山内清男と芹沢長介の間で世に言う「本の木論争」が繰り広げられることになったが、山内説に対してはその後、有力な資料による援護がなかったことなどから、現在では芹沢が唱えた仮説の方が支持されてきているところである（小林 1987など）。

　それでは、土器はどのようにして発明されたのであろうか。粘土を焼く技術云々ということに限ってみれば、チェコのドルニ・ヴェストニッツェでは、すでに旧石器時代に粘土で作られたビーナス像や動物像が焼かれているのである（図1）。しかし、ここではまだ土器は焼かれていない。粘土を焼く技術はあっても、それが土器を作る技術にはつながっていないのである。これまで

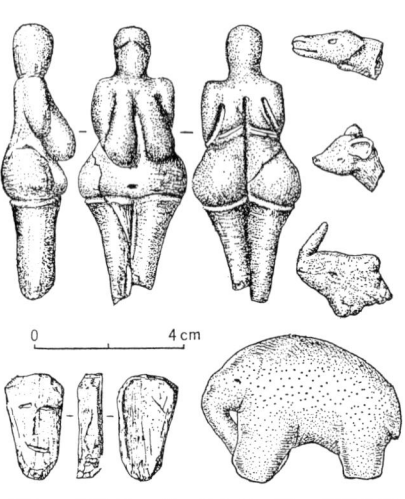

図1　ドルニ・ヴェストニッツェの粘土像
（『世界考古学事典』平凡社 1979 より）

にも偶然の機会に粘土が焼け、それがヒントになって土器が発明されたのではないかというような仮説があったが、この仮説ではこのような事例はどのように説明されることになるのであろうか。粘土を焼くことと土器を作ることとはどうも別々の出来事であって、土器作りにとって粘土を焼く技術は必要条件ではあっても十分条件ではなかったものと考えられる。

　一口に土器作りといっても、1個体の土器が完成するまでの間に加えられる行為は、単に採取した粘土を焼くということにとどまるものではない。その間には素地の調整に始まり成形や器面調整などといった非常に多くの作業工程があり、これらの工程の背後には、さらに各工程の作業を支える数多くの技術があった。稚拙な作品のように見える土器であっても、このような技術を総合した、いわば"ビッグサイエンス"の結晶とでもいうべきものであって、とても偶然の機会に生まれたというような代物ではないのである。そしていったん手にした粘土を焼く技術が、さらに容器としての用途をもつ土器を作るための技術へと転化していくための要件は、土器が当時の人びとの生活にとってどれくらい必要な道具であったかという、日常生活の場における必要性の有無である。

　ところで、縄文土器を含む東アジアの土器は、ものを煮炊きするための道具として登場したといわれている。出現期の土器の外面に煤やコゲの附着が認められるからである。食物を料理するときに使う鍋や釜のルーツというわけであるが、日本や世界各地の民族例を見てみると、この"煮る"、"炊く"という調

理法は必ずしも土器がなければできないということにはなっていない。たとえば、新潟県の粟島には、木製容器のワッパの中に汁と具を入れ、その中に焼け石を入れて瞬間的に沸騰させて作るStone boilingの郷土料理があり、ポリネシアやメラネシア・ミクロネシアの諸地域には、バナナの葉などで包んだ肉類・魚介類・根茎類などを、穴の中で焼け石を用いて"蒸し焼き"にするearth Ovenの料理法がある。アメリカ・インディアンの部族の中には、木の箱や動物の内臓や皮を鍋のようにして、その中に焼け石を入れて煮るstone boilingの料理法がある。また、東南アジアでは青竹の筒を使って、その中に洗った米を入れて煮ているし、日本でも南西諸島の与那国島では生の木の葉で作った器を鍋のように使っている例がある。こういう多種多様な事例が各地に見られるということは、土器は食物を煮炊きするための道具として、必ずしも必要不可欠な道具ではなかったということである。

　土器の必要性については、これまでにもいろいろな仮説が出されているが、日本ではドングリのアク抜きのために土器が必要とされたのではないかという渡辺誠の仮説（渡辺 1987）があり、ロシアには魚から油をとるための容器として硬くて燃えない土器が必要とされたのではないかというメドヴェージェフの仮説（メドヴェージェフ 1994）がある。

　一方、西アジアの土器は、東アジアの土器とは対照的に煮炊き用としてではなく、ものを貯蔵するための容器として登場したといわれている。また、日本と同じように古くから貝塚が数

多く作られている北欧では、当初、土器は貝を煮るための道具として登場したのではないかといわれてきたが、最近では貝に対する評価はミネラルを補給する程度の食物であって、メジャーフードではなかったと考えられてきている。日本でも貝を処理するために土器が必要とされたのではないかという説があった（岡本 1962、近藤 1966）が、この考え方にも再考が必要なのではなかろうか。

　いずれにしても、土器が発明されるに至った経緯についてはこのほかにも小林達雄の「踏み台の原理」（小林 1987）などといった仮説があり、結論が出るまでには至っていないというのが現状である。ただ、東アジアの土器は、当初から煮炊きを行うための道具として登場したと考えられているが、先述したように煮る・炊くといった行為は必ずしも土器がなければできないということではないので、煮る・炊くといった行為の中から、土器以外のものでは果たすことのできない効果（行為）というものに的を絞っていくと、自ずと一定の結論に達するものと考えられるのである。

　土器による煮炊きがほかの方法に比べて優れている点は、中に入っているものの状態を確認しながら、長時間にわたって継続的に熱を加えつづけることができるという点にあるのではなかろうか。このことによって果たされる効果とは、長時間の加熱によってのみ確実に結果の得られるものということになる。たとえば、通常の料理法では食べることのできない肉料理にスジ（腱や筋膜）を煮込んだものがある。普通の肉のように煮た

り焼いたりという短時間の調理だけでは食べることのできないような硬いスジも、時間をかけて煮込むと柔らかくなる。また、カシ類やナラ類のドングリのようにアク（タンニン）を含むものについても、加熱を繰り返すことによってアクが抜けるなど、確実に効果が期待できるものがある。

　ところで、土器によってこのような効果が果たされるとしても、まず、土器が発明されるよりも以前に、このような長時間の加熱によってスジが軟らかくなったり、アクが抜けたりといったような効果をどのような方法で知り、これをどのように土器作りに結び付けていったのであろうか。これについては、土器以外にも煮炊きすることのできる方法はいろいろあるので、土器の出現に先立って焼石を使ったり、土の中に埋めてその上で火を焚いたり、粘土に包んで蒸し焼きにするといったような調理方法が存在していたと仮定すれば、説明は容易である。土器以外の方法では不完全であったものが、土器の出現によってその効果が確実に担保されるようになったということである。しかし、土器出現期の遺跡からの出土量はせいぜい数個体と少ないため、その出現を促した契機はきわめて限られたものであったものと考えられる。たとえば東京都あきる野市の前田耕地遺跡からは2基の竪穴住居跡と大量の石槍が発見されているにもかかわらず、出土した土器はせいぜい2個体程度と少ないのである。少なくとも、遺跡からの土器の出土量から考えて、これらの出現期の土器は、まだ日常的に使う食料の煮炊きを目的とする道具でなかったことは確かである。

いずれにしても、土器出現の契機については仮説の域を出るものではないが、ここでは私が考えている大胆な仮説を1つ披露しておくことにする。これについてはすでにロシアの民俗例の1つとして梶原洋も取り上げている（梶原 1998）が、動物の骨や皮・スジなどを煮て接着剤の"ニカワ"を作るための容器として登場したのではないかと考えている。土器出現前後の様子を考古資料から探ってみると、この時期には狩猟具と考えられる石器が、細石刃から尖頭器・石鏃へと大きく変化する。細石刃は小さな縦長の石刃で、骨などで作った槍先の側縁の溝に埋め込まれたが、ここでは石刃を溝に固定するために何らかの接着剤が使われたはずである。また、細石刃に後続して登場した石鏃についても、矢柄の先端に小さな石鏃を固定するためには接着剤が必要であったと考えられるのである。石鏃を矢柄に固定するために接着剤が使われていたことは、アスファルトの付着した石鏃が東北地方の縄文遺跡から出土していることからも明らかであり、漆の利用が縄文時代の比較的早い時期に始まるのも、接着剤の開発と無関係ではなかったのではないかと考えている。いずれにしてもアスファルト以外の接着剤は分解して残っていないものの、樹脂やニカワのような有機質の接着剤が存在した可能性は高く、その開発の一端を土器が担っていたと考えれば、土器出現の契機を説明するには格好の仮説となるのではなかろうか。

2．土器作りの基本工程

　土器作りはいわばビッグサイエンスであり、偶然の産物というような契機で誕生したものではないということを述べてきた。土器を作るためには、まず最初に粘土などの原材料を手に入れるための作業がある。一見簡単な作業のように見えるが、ここでは土器作りに適した粘土とはどのような性質を備えた土であって、それはどのような場所に行けば採取することができるのかなどといった、現代風の言い方をすればセラミックや地質学についての知識が必要になる。また、採取したままの粘土では土器を作ることはできないので、練って土器を作るのに適した素地に仕上げる作業が必要になる。ここでは採取してきた粘土を細かく砕いて木の根などの夾雑物を取り除いたり、反対に砂などの混和材を加えたりという作業に加えて、水を加えて練るという作業がある。混和材には何をどれくらいの量加えればいいのか。素地はどれくらいの硬さに仕上げればいいのか。そのためにはどれくらいの量の水を加え、どれくらいの時間をかけて練れば仕上がるのかなどといった、粘土の採取とはまた違った別の知識と経験が必要になるのである。

　素地ができあがると、土器の形に仕上げる成形という作業に取り掛かることになる。縄文土器はそのほとんどが粘土紐を積

み上げる輪積みの方法で成形されているので、この作業では粘土紐の太さや積み上げのタイミング、積み上げ方法などについての知識と経験が必要になる。積み上げのタイミングがずれたり、積み上げが適切に行われていなかったりすると接合面から剥がれてしまうからである。

　土器の形が大まかにできあがると、細かい部分、たとえば器壁の厚くなった部分の厚さを均一になるよう仕上げたり、口の部分を指やなめし革などで撫でつけて丸く仕上げたりするなど、全体の形とともに細部の形をも整えて土器の形を最終的に仕上げる整形の作業がある。この作業についても、使う調整具の選択やそれを行うタイミングが非常に大切になる。

　土器の形ができあがると文様が付けられる。同じ素焼きの焼き物ではあっても弥生土器や古墳時代の土師器などと違って、縄文土器にはほとんど例外なく文様が付けられている。しかも広域かつ長期間にわたって作りつづけられたため、その文様は多種多様で、この文様の施文にあたっても、施文具の採用から使い方、文様のレイアウトに至るまでいろいろなルールがある。文様はこのルールに則って付けられている。

　文様を付け終えた土器の内面は、玉石や貝殻、箆などで磨いて水漏れのしない平滑で緻密な器面に仕上げられる。これは乾燥途中の器面がまだ生乾きの段階で行われる作業で、タイミングを外すと緻密な器面に仕上げることは不可能となる。

　さらに乾燥が進むと、最後の作業となる焼成の工程にまわされる。考古学的にはどのような方法で焼成されたかについては

2. 土器作りの基本工程 19

表1　土器作りの基本工程

```
粘土等の原材料の準備（粘土・混和材の採取）
  ⇩
素地作成（敷物の用意、粘土と混和材の調合、練り）
  ⇩
成　形（敷物の用意、細部の仕上げ、器面の平滑化）
  ⇩
器面調整（整形：箆・貝殻・なめし革等の調整具の用意）
  ⇩
施　文（縄・貝殻・竹管等の施文具の用意）
  ⇩
器面調整（研磨：箆・貝殻・玉石等の調整具の用意）
  ⇩
乾　燥
  ⇩
補　修（乾燥途中のひび割れの補修）
  ⇩
焼　成（燃料の採集）
```

何もわかっていない。製作実験ではこの段階で壊れることが多いとされているので、縄文土器の製作でも焼成が一番の難関であったものと考えられる。

　縄文土器の製作工程は表1のように大きく7つの工程に分けて捉えることができる。そして、それらはさらにいろいろな技術や知識によって支えられていたことがわかる。ビッグサイエンスといわれる所以である。縄文土器のみならず弥生土器や土師器についても、その基本的な工程は、いずれも縄文土器の場

合と大同小異であったと考えられ、土器の起源が決して偶然の産物といったものでないことは、その背景に非常に高度な技術や豊富な知識があったということを考えれば自ずと了解されるということである。

ところで、日本の各地には古くからつづくいろいろな焼き物の産地がある。そのルーツを探ってみると、およそ次の3つの系譜が考えられる。

1つは縄文土器に始まり、弥生土器、土師器へと連なっていく窯を使わない野焼きの方法で焼かれた赤色で軟質の焼き物の技術の系譜である。現在ではこの焼き物の技術はすでに廃れていて、わずかに伊勢神宮の祭祀に使われる焼き物を作っている神宮土器調整所に残されている程度である。

2つは古墳時代に大陸から渡来した須恵器の技術である。縄文土器や弥生土器・土師器などと違って、窯を使って1000℃以上の高温で焼かれるため硬質の焼き物となる。釉薬をかけて作る陶器も、基本的には窯を使って高温で焼く須恵器の技術の延長線上にある。

3つは、戦国時代に豊臣秀吉によって朝鮮半島から連れてこられた陶工たちが始めた磁器を作る技術の系譜である。陶器などと同じく窯を使って高温で焼かれるが、主原料が粘土ではなく陶石を使って作られているため、陶器とは違って透水性のないガラス質で半透明な胎土の焼き物となる。陶器の技術とはまた別系譜の焼き物ということになろう。

以上のように、日本におけるこれまでの焼き物の歴史を見て

みると、現代の陶芸家が継承しているのは主に陶磁器の技術であって、縄文土器とは別系譜のものということになる。系譜を異にする焼き物には、それぞれ固有の製作法があった可能性があるので、現代の陶芸を参考にした解釈を行ったり、陶芸家の助言を得て製作実験を行ったりする場合には注意が必要である。

　現代の焼き物では素地が非常に重要視される。窯を使って高温で焼く陶磁器は、耐火性のある素地でないと焼けないからである。そのため、耐火性のない粘土では素地に耐火性を与えるために混ぜ物を加えることがある。たとえば、粘土に関東ローム層の赤土を混ぜる陶芸家がいる。これは耐火性を与えるための混ぜ物であるといわれているので、高温で焼かれることのない縄文土器では不必要な混ぜ物である。また同じように、現代の陶芸家は素地の質を高めるために"ねかし"という方法を採用している。ここでは可塑性よりも耐火性のある素地が必要とされるため、可塑性に乏しい素地を使うこともあるからである。耐火性も可塑性も備えた良質の粘土が使われていれば"ねかし"は不必要なものということになる。縄文土器の製作にとって"ねかし"が必須であるかのような発言は、現代の陶芸家の方法を真似たり、助言を受けたりしたことを鵜呑みにしての発言であろう。縄文土器の製作実験を行うにあたっては、とくにこのような陶芸の世界では半ば常識になっているような技術であっても、これを縄文土器にまで敷衍することについては慎重の上にも慎重な検討が必要になる。

外国でも土器作りの技術についてはいろいろな考え方があり、佐原真が雑誌『考古学研究』に連載した「土器の話」（佐原1974）には、土器の製作工程とパンの製作工程が非常によく似ているというイスラエルのルース・アミランの仮説が紹介されている。ここでは小麦を磨り潰して粉にし、それを捏ねて形を作って焼くという行為が、土器作りの工程に似ていることから、土器の起源をパン作りと関連させて考えているのである。しかし、西アジアの土器作りについては、この地域には干乾し煉瓦の製作などを通じて日頃から粘土に慣れ親しんできたという歴史的土壌があり、それに加えて高温で石灰や石膏を製造していたという技術的な基盤もあるので、土器の起源をパン作りの技術に結び付けて考えることもないのではなかろうか。事実、チェコのドルニ・ヴェストニッツェでは、最も有力な仮説と考えられていた粘土を焼く技術と土器を作る技術とは結び付いていなかったのである。

　ここでは土器作りの起源や技術についてこういう説もあるということを紹介するだけにとどめておくこととする。

3. 原材料

(1) 粘土

　粘土にはいろいろな定義がある。土壌学の分野では土の粒子の大きさで区分されていて、国際土壌学会法では0.002mm、日本農学会法では0.01mm以下のものを粘土と呼んでいる。しかし、ここで粘土と呼んでいる粒子の細かい土であれば土器を作ることができるかというとその保証はどこにもないのである。焼き物の製作に適した粘土というのは、花崗岩や石英粗面岩のような長石を多量に含む岩石が風化してできたもので、成形しやすい粘性と可塑性があり、乾燥する時の収縮が小さく、しかも強度があることなどの条件を備えた土でなければならないので、土器作りに適した粘土は、土壌学でいう粘土とは必ずしも一致してはいないのである。ただ、縄文土器や弥生土器などは高温で焼かれることはないので、陶磁器のように耐火性を備えた土である必要はなく、同じ焼き物ではあっても条件は少し違うことになる。

　ところが、このような土器作りに適した粘土も、その生成過程の違いによって一次粘土と二次粘土という2種類の粘土に区

別されている。

　一次粘土は残留粘土ともいい、これは母岩があった場所で風化してそのまま粘土になったもので、粒子が粗くて可塑性に乏しいという性質があり、これに対して二次粘土は漂積粘土ともいい、これは母岩のあった場所でできた粘土が水や風などによって別の場所に運ばれて再堆積したもので、これには粒子が細かく可塑性に富んでいるという性質がある。ひとくちに焼き物に適した粘土といっても、そこにはその生成の過程のみならず、性質においても違いのある粘土があるということである。粘土の可塑性とは、換言すれば適当に粘性と腰があって形が作りやすい性質ということで、アフリカの民族誌を紹介した佐原真の『土器の話』の中にも、圧倒的多数が可塑性に富む二次粘土を使って土器を作っていると書かれている。

　図2は東京都町田市小山にある多摩ニュータウンNo.248遺跡から発見された縄文時代中期の粘土採掘坑である。実際に発掘調査された面積は約5千平方メートル強であるが、その範囲内には立錐の余地もないほどたくさんの採掘坑が掘られていて、そこから採掘されたとみられる粘土の量は、軽く見積もっても優に1千トンを超える分量になるのではないかと推定されている。ちなみに、これまで多摩ニュータウン地域で調査されている縄文時代の集落遺跡の中で、住居跡の数が20〜40基くらい発見される、セトルメント・パターンでいわゆるBパターンと呼んでいる集落遺跡からは、遺物として大体2〜3トンくらいの重量の土器片が出土している。この数字を参考にして考えると、

3. 原材料　25

図2　多摩ニュータウン No.248 遺跡の粘土採掘坑（及川ほか 2000 より）

1千トンを超える量の粘土というのは、少なくとも、現在知られている多摩丘陵の縄文中期の集落遺跡に限ってみれば、ほとんどの集落に供給し得るだけの量であり、しかも採掘している粘土層を観察すると、ここでは良質の粘土が採れる部分だけを狙って採掘しているのである。

図3は粘土採掘坑とこの地域の地層断面の模式図である。このあたりは基盤の上総層群の上に古相模川の河床礫である御殿峠礫層が堆積しており、粘土層はこの御殿峠礫層とその上に堆積した多摩ローム層との間に堆積している。しかし、この粘土は古相模川の川原（礫層）にできた水溜まりのような窪みの部分にしか堆積していないので、採掘できる場所は限られていて、多摩丘陵ではこのような窪地に堆積した粘土を狙って採掘され

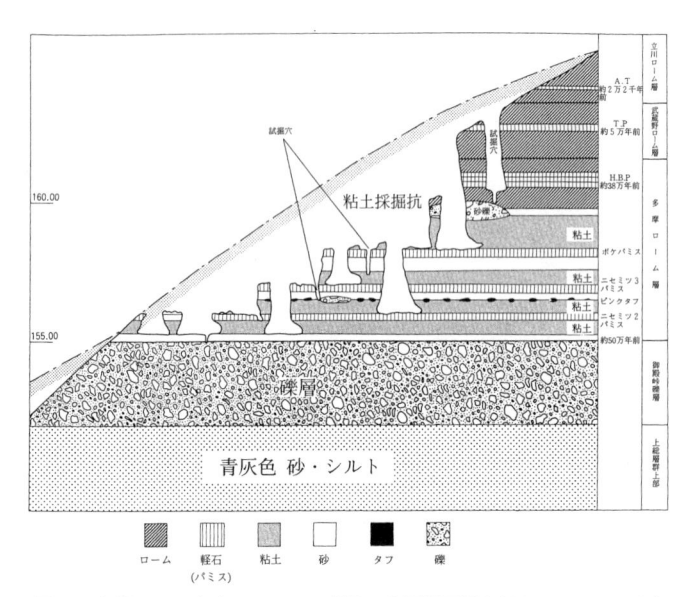

図3 多摩ニュータウン No.248 遺跡の土層断面図（及川ほか 2000 より）

た粘土採掘坑が点々と発見されている。土器を作ったことのある経験からいえば、土器を作れる程度の粘土は、探せば比較的容易に発見することができるが、このような大規模な採掘坑があるところをみると、縄文人はただ作れる程度の粘土では満足せず、あくまでも良質で使いやすい粘土を探し、それが見つかるとその粘土だけを狙って徹底的に採掘していたことがわかる。

　ちなみに、この粘土層の堆積状態を見ると、粘土は厚いところでは数メートルの厚さで堆積していて、その中には純粋な粘土だけが堆積している層から、かなりの量の砂を含む層までの数枚に分かれる粘土層があり、縄文時代にはこの粘土層の中で

も砂の混じらない純粋な粘土層の部分だけが狙われたような状態で掘られているのである。このことからわかることは、この多摩丘陵から発見されている縄文中期の土器には、この砂の入っていない純粋な粘土だけで作られたとみられる土器はない。少なくとも土器を作るときには、砂をはじめとするいろいろな混ぜ物を入れて作っているということである。

　一方、このような大規模な粘土採掘坑とは別に、最近では集落遺跡の近くから小規模な採掘坑が発見されるというような調査事例も増えてきている。しかし、土器作り用の粘土を採掘した土坑にしては、いかにも規模が小さいのである。このような身近な場所で採掘された粘土が土器作りに使われていたと考えると、特定の場所で集中的に採掘された粘土だけが使われていたのではなくて、他の場所で採掘された粘土とブレンドする、いわゆる民族事例にも見られる複数の粘土を調合して素地を作るというようなケースを、縄文土器についても想定しておく必要があるのではなかろうか。

　戦前、鹿野忠雄が台湾東方の紅頭嶼（蘭島）で収集した民族誌の中に、ヤミ族の土器作りを記録したものがある（鹿野1941）。これによると集落によって決まった1～2ヵ所の粘土の採取場所があり、ここでは作る器によって粘土が使い分けられていたとある。多摩丘陵では多摩ニュータウンNo.248遺跡から縄文中期にあれだけ大量の粘土が採掘されているにもかかわらず、同じ中期の遺跡から出土する土器を比較してみると、遺跡によって、あるいは土器のタイプによって胎土にかなりの違い

図 4　焼成粘土塊（手塚 2001 より）

が見られるのである。これなどは、紅頭嶼の民俗例のように粘土が使い分けられていたと考えるよりは、先述したように大量に採掘されている粘土のほかにも、それぞれの集落遺跡の近くで採取された別の粘土が混ぜられるために、土器が作られた集落の違いによって胎土にも違いが生じていると考えたほうが、合理的な説明ができるように考えられるのである。

　また、縄文時代のいろいろな時期の遺跡から、焼かれた小さな粘土の塊が発見されることがある（図 4）。焼成粘土塊という呼び名で報告されているもので、これなどは狩猟や採集などで出かけた際に見つけた粘土を持ち帰り、試験的に焼いて粘土の善し悪しを調べたテスト・ピースではないかと考えている。

(2) 混和材

　土器作りに適した粘土も、採取したままの状態で使われることはない。水を加えて練り、土器の成形ができる状態に仕上げる作業が行われる。陶芸の世界では、土器が成形できる状態に仕上げたものを「素地」「素地土」「坯土」などと呼んで、材料の粘土とは区別されている。考古学の世界ではまだ統一された呼び方はされていないが、ここでは佐原真によって提案されているように、「素地＝きじ」という用語を使うことにして、「粘土」とは区別し、さらに「胎土」という呼び方についても、焼いてできあがった土器の質に限定して呼ぶことにしておきたい（佐原 1970a）。

　民族例などでは採掘された粘土をいったん乾燥させ、細かく砕いて不純物を取り除くというような作業が行われている。縄文土器については、この間にどのような作業が行われたのか、このことについてはまだ何もわかっていないが、多くの場合、粘土に砂や繊維などの混ぜ物を入れて「素地」作りが行われている。この混ぜ物のことを「混和材」といい、これには土器を焼成したときそのまま焼けないで胎土中に残る砂のような無機質のものと、植物の繊維のように焼けてなくなってしまう有機質のものとが用いられている。

ア　無機質混和材

　土器の表面や断面を観察すると、胎土の中にはいろいろな大きさの砂粒や岩石片、貝殻を砕いて粉末にしたものなどが入っている。これには採取した粘土の中にもとから入っていたものと、後から混和材として入れられたものとがあるが、これを区別することは難しい。たとえば、埼玉県の秩父地方の遺跡から出土する縄文土器には、中世の板碑の石材としてよく知られた緑泥片岩の岩石片の入ったものがある。これなどは特定の土器様式にのみ見られるものではなくて、この地方ではいろいろな時期の土器に入っていて、しかもその分布する地域も限られていることから、この地方ではもともと緑泥片岩の岩石片の入った粘土を採取して土器作りを行っていたものと考えられる。考古学では、このように産地を特定することのできる土器は、製作法の研究よりも土器の産地同定や集団領域、交易などといった別の分野の研究に利用されることの方が多い。

　一方、特定の土器様式に限ってその混入が認められるものとしては、東関東の土器様式である中期阿玉台式の雲母があり、九州の土器様式である前期曽畑式や中期阿高式などでは滑石がある。滑石は朝鮮半島に分布する櫛目文土器などと共通するもので、これなどは同じ地域であっても混入される時期や土器様式が特定されることから、混和材として意図的に混入されたものと考えることができる。

　黒鉛も雲母や滑石と同じく特徴のある岩石片で、これは岐阜県の飛騨地方を中心とする地域に分布する早期の押型文系土器

に特徴的に入っている。この土器は時期も様式も特定されてはいるものの、胎土に含まれている黒鉛については、混和材として混入されたものか、それとももとの粘土に入っていたものかという問題がある。中島宏によれば、飛騨の高山の近くにある天生鉱山の近くでは、川岸の崖面から黒鉛の入った良質の粘土を採取することができるということである。このような粘土層のあることが確認されたということは、黒鉛は混和材として人為的に混ぜられたものではなくて、最初から粘土に入っていた可能性も出てくることになる。埼玉県の緑泥片岩のようにいろいろな時期の土器様式に見られるというようなことはないが、局地的な分布しか示さないことからも、ここでは黒鉛の入った二次粘土を採取して土器作りが行われていた可能性が強い。また、雲母も黒鉛と同じように、川の流れによって運ばれ、粘土と同じ堆積環境にある澱みの部分に集積するので、雲母が入っている粘土についても、要注意ということになる。

　縄文土器の中ではほとんど例外ないくらいの割合で入っているのが砂粒である。無機質混和材の中では最も普遍的なものということになるが、対照的に混和材として意図的に混入されたものとそうでないものとの区別は一番難しいのではなかろうか。これについては、それぞれの地方で粘土採掘坑を調査し、そこから採取されている粘土と、実際の縄文土器の胎土とを比較して判断するしか手だてはないようである。ちなみに縄文中期の曽利式土器の胎土分析をした増島淳は、これらの土器には10〜30％くらいの割合の砂が入っていたとするデータを報告し

ている（増島 1975）。

　また、これらの混和材とは別に、黒曜石の砕片が混入されていたとする報告もあるが、類例はまだ限られているようである。

イ　有機質混和材

　この混和材は、除粘材として使われるほか、粘性の弱い粘土の結合力を強めるために入れるものとされている。植物の繊維や動物の毛、ごく稀な例として繊維を撚り合せた撚糸を入れた例が北海道の早期の土器にある（図5）。また、有機質混和材が入れられる土器様式は限られているので、たとえ小さな破片であっても、土器の胎土に植物の繊維や動物の毛などが入っていれば、その土器様式が行われた時期と地域を特定することも可能である。

　図6は土器の断面を電子顕微鏡で撮影したものである（福田・三門 1987）。説明文に目を通してみると、この中のいくつかはチップ状の木片で、禾本科植物の茎や葉が混じっていると考えられる例もあると書かれている。このように顕微鏡による土器断面の観察から、土器に入れられている有機質混和材の種類を調べていくという研究も行われているが、まだこの方法によって植物の種類が特定できたという報告には接

図5　撚糸を混入した土器（竹田 1976より）

3. 原材料　33

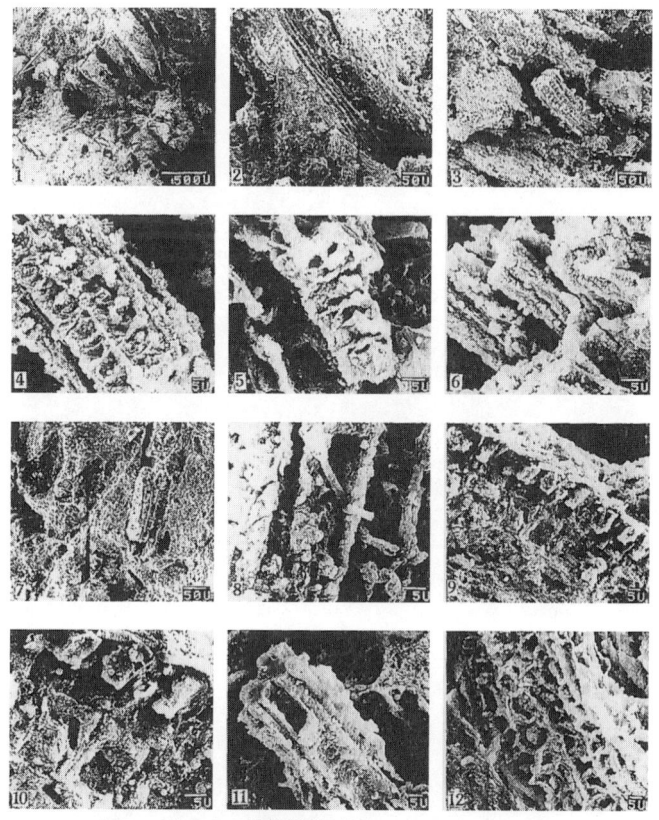

図6　胎土中の植物繊維（福田・三門 1987より）

していない。

　図7は多摩ニュータウンNo.796遺跡から出土した縄文草創期の土器片を、電子顕微鏡を使って撮影したものである。ここには大きさの違う丸い穴が写っている。これはアメリカのスミソニアン研究機構からやってきたパメラ・バンディバーが撮影し

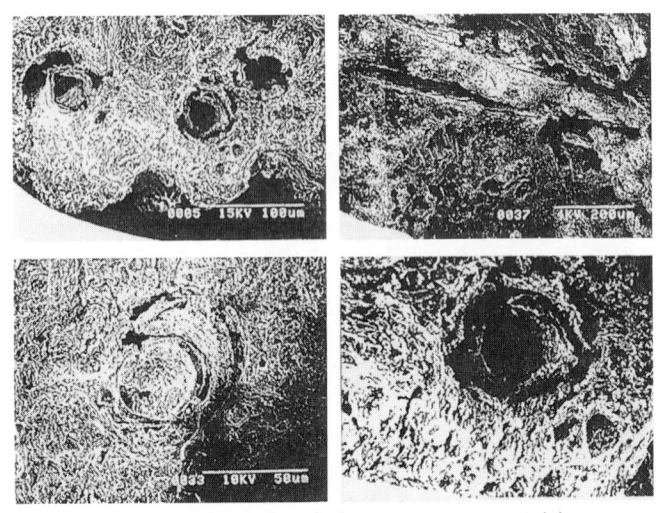

図7　胎土中の動物の毛（バンディバー 1991 より）

たもので、丸い穴は動物の毛の痕跡であろうと考えられている。植物の繊維は、断面が不定形で大きさも不揃いであるのに対して、動物の毛は断面の形が丸く、太さも揃っているからである。写真に写っている大きい方の穴は直径が約40ミクロン、小さい方の穴は5〜10ミクロンである。これは人間の毛髪よりも細いので、人間以外の動物の毛であろうと考えられている。ちなみに、人間の毛髪は60ミクロン位かそれ以上の太さがあるので、バンディバーは、可能性の高いものとしてシカの毛をあげている。動物には冬毛と夏毛という太さの異なる2種類の毛が生えているので、穴に大小があるのは夏毛と冬毛が写っているからということである。この所見はバンディバーが再来日したとき

に東京国立文化財研究所で開かれた研究交流会の席での発言や、そのときに配布された英文の資料の中に書かれていたもの（バンディバー 1991）で、論文として別に発表されているかどうかについては確認していない。

日本の縄文土器にも、以前から草創期の隆起線文土器には動物の毛が入っているものがあるといわれていた（小林 1966）が、このような電子顕微鏡を用いて草創期の土器に混入されている繊維を観察した例としては、わずかに阿部芳郎らによって観察された神奈川県の相模野第149遺跡と花見山遺跡の例があるくらいである（阿部ほか 1996）。ここでは動物の毛であるとは断定していないが、繊維痕の断面がほぼ円形であることから判断して、混入されていた繊維は動物の毛と見て間違いないようである。

余談になるが、平成7年11月にロシアのウラジヴォストックにあるロシア科学アカデミーの極東支部を訪問した際に、ジェシチホフスカヤから譲り受けた土器片とグロマトゥーハ遺跡出土の土器片とを、東京都埋蔵文化財センターの電子顕微鏡で観察してもらったところ、やはり丸い穴が観察され、大陸の土器にも動物の毛が入っているらしいことが確認されている（図8・9）。穴の直径が100〜130ミクロンもある非常に太い毛であるというところまではわかったが、動物の毛の太さについて調査されたデータはどこにもないので、これが何の毛であるかについてはまだわかっていない。大陸の土器に動物の毛が入っているらしいことは、すでにオクラドニコフによってシルカ洞穴の例が報告されている（Okladnikov 1964）ので、再度確認されたと

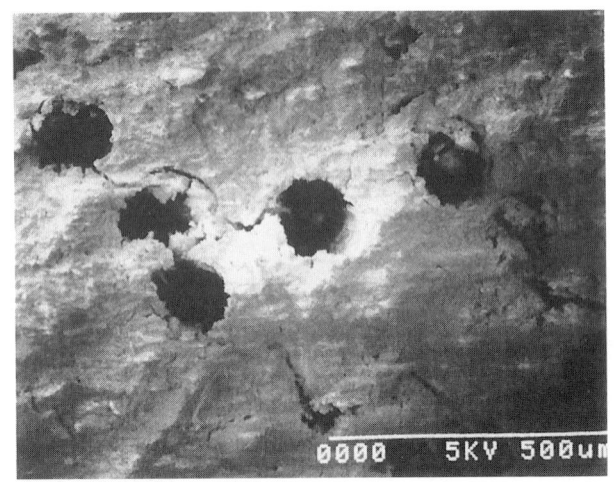

図8　胎土中の動物の毛（ロシア新石器時代の土器）

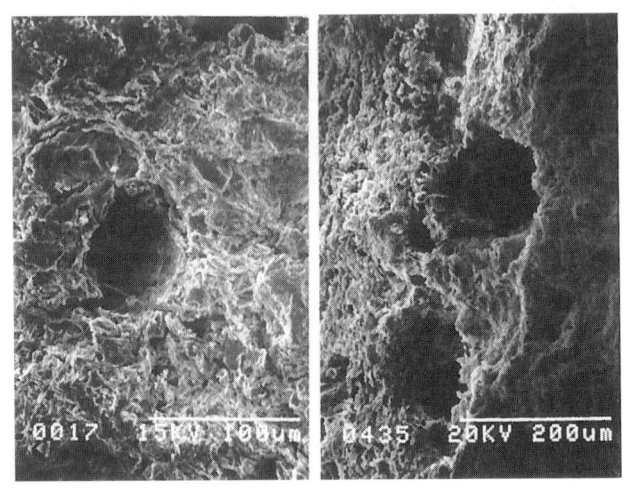

図9　胎土中の動物の毛（グロマトゥーハ遺跡出土の土器）

いうことである。これらは食料として集落に持ち込まれた動物の毛であった可能性もあるので、比較可能なデータが揃えば、当時の人びとがどのような動物を捕っていたのかということもわかるということになる。日本でも草創期の隆起線文土器などには胎土に動物の毛の入っているものがかなり確認されてきているので、このように電子顕微鏡による観察が広く行われるようになれば、また別の研究への展望が開けてくるということになる。

　植物の繊維は非常に広い地域の土器に入れられていて、日本でも東日本の縄文早期の後半から前期にかけての土器の胎土には、植物の繊維がほぼ例外なく混入されている。土器の起源論については一元論よりも多元論の方が有力になりつつあると述べてきたが、不思議なことに、世界各地の古い土器には共通したように繊維が入っているのである。南米のペルーでは、リマの国立人類学考古学博物館に繊維の入った土器が展示されていたし、極東ロシアの土器にも繊維が入っているのを見ている。北米や西アジアの土器にも繊維が入っているものがあるということである（西田 1990）。こういう事例は、一元論では容易に説明がつくが、多元論では非常にむずかしいということになる。動物を飼う社会では、草食動物の糞を粘土と同じように壁に塗ったり、土器の混和材として用いたりしている例があるといわれているので、糞の中に含まれる繊維と土器の中の繊維がどこかでつながっていれば面白いのであるが、これについても、こういう例があるという紹介だけにとどめておく。

(3) 混和材を混入することの意義

　土器の素地にはなぜ混和材が入れられているのか。一番の目的は、乾燥や焼成のときに起きる土器のひび割れを防ぐことにあるといわれている。水を入れて捏ねた粘土には水分が含まれているので、乾燥するときにはどうしても水分が蒸発して体積が減り、収縮することになる。どのくらい収縮するかは粘土の性質によっても異なるため一様ではないが、一般的には乾燥するときに約1割、さらに焼成するときにも1割くらい収縮するので、合わせて元の大きさの2割ほど小さくなるといわれている。土器が乾燥するときには全体が同じようなスピードでは乾燥しない。土器の器壁に含まれる水は重力によって下にさがるので、口縁部では乾きが早く、底部に近い部分では遅くなり、この乾燥の違いが歪みとなって、ひび割れが生じやすくなる。混和材には収縮率を抑える働きがあるので、土器を乾燥させるときのひび割れを防ぐという効果があった。

　また、粘性が強い粘土では、その粘性を抑えるために混和材が入れられるし、反対に粘性が弱い粘土についても、その結合力を強めるために繊維などを入れる方法がとられている。八丈島の湯浜遺跡から発見されている厚さが2センチメートルを超える脆弱な胎土の繊維土器は後者の例であろう。昔の建物の壁土には稲藁や麻などの植物繊維を刻んだ"スサ"が入れられていたが、それと同じ理屈である。

しかし、山内清男や八幡一郎は別の見方をしていた。多量の繊維を含む土器の断面を観察すると、繊維がサンドイッチ状に挟まれているように見えるものがある。この状態を見て山内は、「粘土の中に長い繊維を多数埋め、又は繊維束中に粘土を含ませ繊維を心とする粘土帯を作り、これを底又は口に並行に積み上げ、又は部分的には内外から合わせて成形したものと考える。(中略)粘土の心があるため、成形し易く壊れにくいことも考えられる」(山内 1929) と解釈し、八幡も「植物繊維を短冊型の粘土板に挟み、これを曲げて輪にしたものを、次々と積み上げて円筒形とし、その底に円板を貼って器として焼上げるという方法である。円筒土器とよばれ、繊維土器とよんだものの典型である」(八幡 1979) と、ほぼ同じような内容の発言をしている。繊維土器に混入されている繊維の量は、大量に混入されているものもあれば、反対にきわめて微量にしか混入されていないものまでその分量はまちまちである。そして、繊維土器は縄文土器のみならず、直接系譜関係にはない外国の土器にまでも広く認められるので、これが山内や八幡がいうような特別な成形方法と結び付いているとは考えられないのである。繊維を"芯"にして成形したとする解釈には無理があるように思われるのである。

　繊維土器は日本の縄文土器だけでなく、外国にも方々にあるので、繊維混入の意義については別の解釈がある。繊維土器は焼くと繊維の部分が焼けて多孔質になるため、重量が軽くなる。土器の重量を軽くするために繊維を入れているという解釈であ

る。しかし、日本には繊維混入の効果について、このように考えている研究者はまだいないのではなかろうか。

　私も趣味の陶芸で縄文土器のコピーを作ったことがあるが、大形で口縁部が外側に開くような形の土器は、形を整えるのに大変苦労する。素地が少し柔らかいと粘土帯が伸びすぎて大きくラッパ状に広がり、思い通りの形に成形できなくなるなど、扱いが非常にむずかしくなるからである。それでも、素地に繊維が入っていると繊維に引っ張られて粘土帯の伸びが抑えられるので、大きく広がることはない。繊維にこのような効果があることを考えると、大形の土器が作られるようになる早期の後半から前期の前半頃にかけての時期の土器に繊維を入れた土器があるのも、除粘材としてよりはこのような効果を狙ってのものと考えた方が的を射ているのではなかろうか。ちなみに、繊維が大量に混入される前期前半の土器を観察すると、文様の縄文は土器の器面がかなり軟らかい段階で施文されているので深くきっちりと押捺されていて、土器はかなり軟らかい状態の素地で成形されていたことがわかる。

　粘土に繊維を混ぜる方法であるが、素地に繊維を均一に混ぜ合わせるためには、壁土に"スサ"を混ぜるのと同じ要領で、柔らかく泥状にした粘土に加えて混ぜ合わせたか、あるいは乾燥させて粉状にした状態の粘土に混ぜてから練ったものと考えられる。練っている途中で混ぜても、通常の素地の硬さに仕上げるつもりで練っているのであれば、途中で混ぜても素地が硬すぎて繊維は均一に混じり合わないからである。泥状の軟らか

い粘土に加えたものであれば、繊維を混ぜた後、少し時間をおいて粘土が適当な硬さになった頃合いを見計らって練り上げれば、繊維が均一に混じった素地に仕上げることも可能である。軟かい素地に仕上げられていることと、繊維を混入することとが何か関係しているのであろうか。

　繊維が混入された素地は、紐状に伸ばしていく過程で、混入された繊維も粘土の伸びる方向に引っ張られるので、繊維は自ずと粘土紐と平行する方向に揃って並ぶようになる。したがって、このような粘土紐で作られた土器は、あたかも繊維を芯にした粘土紐で成形されたような状態の土器に仕上がるのである。それでも、繊維が大量に混入されているような土器については、素地の調整方法や成形に際して特別な方法が採用されていたかどうか、まだまだ検討すべき課題は多いようである。

　関東地方の縄文中期には、胎土に雲母が入っている阿玉台式土器がある。雲母の入った器面はキラキラと輝いて見えるので、装飾的な効果を狙って入れられたものであろうといわれている。土器の混和材に雲母を用いるという手法は、日本の縄文土器だけでなく、外国の土器にもある。また、外国の民族例には、この他にも思想的な理由で入れられる混和材があるといわれている。佐原真の『土器の話』には、血液を入れる例や、これまで使っていた土器が壊れたとき、それを粉にして入れる例などが紹介されている。壊れた土器を粉にして入れる例などは、それによって古い土器と新しい土器とが連綿と繋がっていくという理由によるのだそうである。縄文土器についても、土器の砕

片が入っているとされる新潟県の中越地方に分布する中期の北陸系の土器の例などは、このような理由が考えられるかもしれない。

　混和材についてはこれくらいにして、具体的な素地作りの話に入ることにする。原材料の粘土と混和材が揃うと水を加えて練るという作業に入ることになる。何をどれくらいの割合で混ぜ合わせているのかということについては、最も一般的な混和材である砂について調べた増島淳や河西学のデータがあるくらいで、まだほとんど手のついてない未開拓の研究分野ということになっている（増島 1975・河西 1991）。

　ところで、粘土を練るためには敷物が必要である。これについては具体的に何が使われていたのかを示す資料は何もない。さきほど触れた混和材の中で、動物の毛が混入された縄文土器があるということを述べたが、この動物の毛が土器作りの際の敷物と関係しているのではないかと考えている。動物の毛が混入されていると見られる土器は、ほとんどが縄文時代草創期前半の土器である。しかしながら、その毛が混和材として混入されたと考えるには量が少なすぎるのである。量が少ないことをもって、これが意図的に混入されたものでないと考えれば、粘土に毛が入り込む機会は粘土を練っているときと考えるのが最も妥当性のある解釈ということになろう。もしそうであるとすると、草創期には動物の毛皮の裏側を使って、その上で粘土を練っていた。そこへ毛皮から抜けた毛が紛れ込んだというわけである。しかし、この動物の毛も、草創期の後半期の土器には

図10 底部に網代痕を残す草創期の土器（大仁町教育委員会編 1986 より）

ほとんど入らなくなるので、動物の毛皮を敷物にして粘土を練るということも、すでにこの頃には廃れていたということになる。

ちなみに、草創期後半の多縄文系土器には平底の土器があり、この平底土器の底面に植物の皮などを編んで作られた網代（アンペラ）の痕跡を残すものが静岡県大仁町の仲道A遺跡にある（大仁町教育委員会 1986、図10）。この網代は土器を成形するときに使われた敷物の痕跡であるが、この網代の大形のものが粘土を練るときの敷物として使われていたと仮定すれば、網代の出現と動物の毛の混入がなくなるという現象が、毛皮から網代へという敷物の交替を想定することによって合理的に解釈できることになる。

4. 土器の成形

　粘土が練り上がり、成形できる状態の素地に仕上がると、土器の形を作る成形の作業に取りかかることになる。現代の陶芸の世界では、素地の状態に仕上がったものを数日から数カ月くらいの間、瓶などの中に入れて質を高めるための"ねかし"という作業が行われることがあり、縄文時代にもこの"ねかし"という方法が用いられていたと考える研究者がいる。しかし、この方法が縄文土器の素地づくりに採用されていたどうかについては、考古学的には何の確証も得られていないのである。

　これまでの陶芸体験からいえば、良質の粘土であれば"ねかし"は必要ないのである。もともと良質の粘土が用いられていれば、"ねかし"を想定する必然性がない。事実、多摩ニュータウンの遺跡から発見されている粘土採掘坑の調査所見によれば、縄文人は大変良質の粘土だけを狙って採掘しているし、瀬川芳則が紹介しているタイのバン・ハンケオの土器作りでは、砂を加えた粘土を15～20分ぐらい足で踏んで練り、その素地でただちに土器の成形に取りかかっている（瀬川 1983）。このような例があることから考えても、縄文土器の製作に"ねかし"の工程を想定することはむずかしいのではなかろうか。

　たとえば、土器の製作実験に用いた素地が"ねかし"を行わ

ないと使えないような代物であれば、採取した粘土の質がもともと悪かったのか、あるいは粘土に混ぜた混和材によって質が悪くなったのではないかと疑ってみる必要がある。製作実験でも質の悪い粘土を使ったり、マイナスに作用するような混和材を入れたりすると、いくら時間をかけて練っても成形に適した素地には仕上がらない。しかも、このような質の悪い素地を用いると、問題は"ねかし"という工程があったのかどうかという問題にとどまらず、以後に行われる作業は、いずれもこの素地の質に引きずられることになり、可塑性に富んだ質のよい素地を用いたときの土器作りとは、まったく違ったものになってしまうということである。

　また、土器の成形でほとんど触れられていないのが、練りあがった素地の硬さである。この素地の硬さは、成形作業の進捗を左右する大きな要因となっているにもかかわらず、意外とこの問題には誰も触れていない。とくに壺や浅鉢のように底部から口縁部に向かって大きく開いて立ち上がる器形の土器では、先に成形された部分が、上に乗る粘土紐の重量を支えるだけの硬さにならなければ積み上げることができない。柔らかい素地の粘土紐では一気に積み上げるという芸当はできないのである。当然、先に成形された部分が硬くなるのを待って次の粘土紐を積み重ねるという手順になるので、上・下の粘土紐の間には乾燥の進行具合の違いによって硬さにも違いが生じることになる。また、反対に硬い素地だと積み上げは容易になるが接着しにくくなる。いずれのケースでも輪積み法による成形では、

素地は軟らかすぎても硬すぎても接合がうまくいかないということである。

　発掘調査によって出土した縄文土器を破片の状態で観察すると、粘土の接合面からきれいに剥がれたとみられる割れ目をもつものはあまりない。縄文人は素地の仕上がりの硬さについても熟知していて、絶妙のタイミングで粘土紐を積み上げていたのである。それでも接合がうまくいかなくて接合面できれいに剥がれているものがある。とくに、接合面が土器の口縁のような状態で剥がれているものを"擬口縁"（佐原 1967）と呼んでいるが、実際の土器作りの場では、素地が硬かったりしてどうしても接合がうまくいかないケースが生じているのである。事実、擬口縁をもつ土器が実在するため、その接合痕の観察などから素地の硬さを推定したり、具体的な成形方法を知ったりすることができるのである。

（1）　下に敷く敷物

　図11は土器の底部に付いている圧痕である。このような圧痕が付いているということは、土器がまだ軟らかい状態のときに、このような圧痕が付く敷物の上に置かれていたということである。どうしてこのような圧痕が付いたかというと、木の葉の圧痕が残されているものがあることからもわかるように、敷物の大きさはちょうど土器の底部が収まるくらいの大きさのものであったと考えられるので、これらの圧痕もまた土器を作るとき

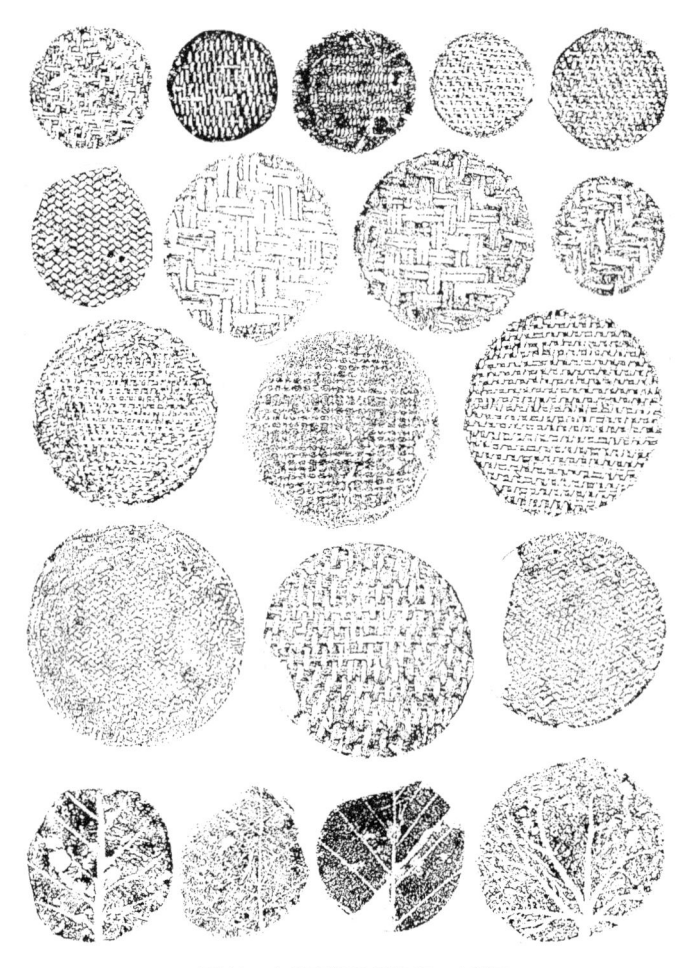

図11　土器底部の網代痕・木葉痕

4．土器の成形　49

に敷かれていた敷物によって付いたものと考えられている。

　タイでは、人間が土器の周りをぐるぐる回りながら土器を作っている（瀬川 1983）が、縄文土器では、木の葉や編み物などを敷いて、タイとは反対に敷物を回転台のようにして土器を回しながら作っていたものと考えられる。また、土器の底部に残されている圧痕から、網代（アンペラ）やアンギン（編布）などの編み物のほか、トチノキやホオノキ、フキなどの葉、ホタテガイの貝殻、クジラの脊椎骨などが土器作り用の敷物として使われていたことがわかっている。

　アンペラなどの編み物を敷いた例は、すでに草創期の縄文土器に見られ、たとえば、静岡県大仁町の仲道A遺跡から出土した草創期の多縄文系土器の底部には敷物（網代）の跡が残っている。土器作りが始まって間もない草創期の土器の底部に網代痕が残っているのである。敷物は縄文土器が作られはじめた当初から土器作りにとっては必需品であって、いずれの土器も敷物を敷いて、その上で作られていたものと考えられる。大多数の縄文土器には底部に敷物の痕跡が残されていないので、このように考える研究者は少ないが、一見して敷物の痕跡が残されていないようにみえる土器についても、底面を細かく観察すると、部分的に敷物の痕跡の残されているものがある。これは、土器の表面を平滑に仕上げる器面調整の最終段階で敷物の跡が磨り消されてしまったからであり、敷物の跡が残っているかいないかの違いは、敷物があったかなかったかの違いではなく、この器面の調整が底部にまで及んでいたかどうかということで

ある。

　一方、敷物の圧痕が残されているものは、たとえば後期の加曽利B式の深鉢などのような一部の土器様式に限られるので、これらのものについてはその様式の流儀であったのか、それとも成形の都合上、何か最後まで敷物をはずせないような事情があったものと考えられる。

　図11はきわめて一般的に見られる敷物の圧痕であるが、図12のように特殊なものもある。図12の右上はクジラの脊椎骨の圧痕をとどめたものである。これは九州の縄文中期の阿高様式の

図12　土器底部に残された圧痕（小林 1977 a より）

土器に限って見られるものであるが、木の葉や網代などとは違って、大きくて重量もあるので、タイのように固定した台として使い、人が土器の周りを回ったのか、あるいは何かの上に重ねて回転台のようにして使ったものと考えられる。左上は北海道早期平底土器様式の土器の底面に残されたホタテガイの貝殻の圧痕である。貝殻を敷いて作られているため、貝殻の曲面によって底部が上げ底風になっている。

　話は少し脱線するが、関東地方の縄文前期初頭に花積下層式という土器型式がある。この型式の土器も底部が上げ底風に作られていて、その上げ底風の底面にも貝殻の圧痕が付いている。こちらは敷物の圧痕ではなくて、ハイガイなどの貝殻の肋脈を土器の底面に押し付けて文様が付けられているのである。早期の土器と前期の土器ということで時期的には一致しないが、同じ上げ底風という他の土器様式には見られない共通の特徴をもつ土器の底部に、しかも同じように貝殻の圧痕が付いているのである。一方は敷物であり、一方は施文具というように貝殻の使われ方は違うが、どこかでつながっているのではないかと考えたくなるような不思議なものを感じるのである。また、これに似たような事例が古墳時代の土師器にもあったのを記憶している。こちらは木の葉の圧痕である。土器の底面に残される木の葉の圧痕は土器を作るときに敷いた木の葉が圧痕として残ったものであるが、かつて実見した祭祀遺物の土師器では実物の葉の圧痕ではなくて、わざわざ木の葉の圧痕に似せて葉の葉脈が篦で描かれていたのである。普段、人目に触れることのない

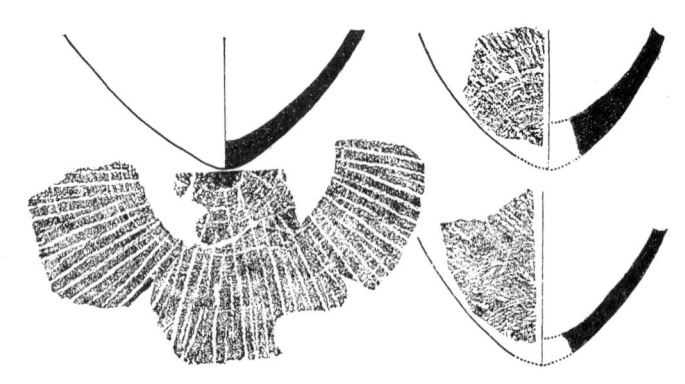

図13 尖底土器の底部に見られる同心円状の擦痕（芹沢 1957 より）

土器の底面にも、何か現代人には理解のできないような意味があったものと思われる。

右下は富山県の縄文中期の土器であるが、笹の葉を並べて敷いていた様子をうかがうことができる。

図13は縄文早期の底の尖った尖底土器である。この不安定な底の尖った土器はどうやって作られていたのであろうか。加曽利貝塚博物館の製作実験では、尖底土器は最初、平らに作っておいて生乾きになった段階で削って尖底に仕上げるとある。しかしよく観察すると、尖底の土器といえどもそのような方法では作られていない。まず手捏ねで尖底の小形の土器を作り、その上に順次粘土紐を積み上げて大形の土器に仕上げているのである。図13の底部の拓本図には、底部の先端を中心にした同心円状の線が見える。これは関東地方の早期の土器に見られたものである。尖底土器はほぼ日本の全域に分布している。同じよ

図14　プエブロインディアンの土器作り（佐原1979aより）

うな製作法で作られていると思われる尖底土器について、北海道函館空港・中野遺跡の報告書では、このような同心円状の線は土器を地面にねじ込むときにできた擦痕ではないかと想定している（佐川 1979）。底が尖っているので、土器を正立させるために土器の底部を左右に往復半回転させながら地面にねじ込んだときに付いた傷であろうと解釈しているのである。北海道の尖底土器については詳しく観察していないが、関東地方の尖底土器に見られる同心円状の線は、土器を焼いた後ではなくて、土器がまだ軟らかい状態のときに付いているので、どう見ても土器を作るときに付いた傷としか考えられないのである。

　図14はアメリカ・インディアンが土器作りを行っている絵である。下に底の丸いバスケットと思われる台を使って、しかも紐作りの方法で底の丸い土器を作っている。このように紐作りの方法で底の丸い土器を作る例もあるので、縄文時代の尖底土器もこれと同じように底の尖った台を使って作られたために、台と接触する部分に同心円状の線が付いたのではないかと考え

られている（芹沢 1956）。丸底や尖底の土器といえども、平底の土器を削って作っているのではなく、最初から丸底や尖底の状態で作られたものと考えられるのである。

　また、叩きの技法を用いて丸底の土器を作っている台湾のヤミ族は、土器を作ったり乾燥させたりするときに、茅を束にして作った丸いドーナツ状の輪の上に載せている。このような輪でも同心円状の擦痕は付くが、底部の幅広い範囲に付いているところをみると、底部を支えていた台は丸底か尖底のバスケットのようなものと考えたほうがよいように思われる。

（２）　成形の方法

　縄文土器を成形する方法には、大きく紐作り法、手捏ね法、型起こし法という３つの方法のあったことが知られている。

ア　紐作り法（輪積み法・巻き上げ法）

　細長く紐状に伸ばした粘土紐を使って成形する方法を紐作り法という。この成形方法には、粘土紐をドーナツ状に丸めて１段ずつ積み上げていく"輪積み法"と、蛇がとぐろを巻くようにぐるぐると巻き上げていく"巻き上げ法"の２つの方法がある。学生時代など若い頃に読んだ考古学の概説書などの中には、縄文土器は巻き上げ法で作られていると書かれているものがあった（八幡 1963、坪井 1976）が、土器の蓋や把手のような特殊なものの成形を除いては、いまだかつて巻き上げ法で作ら

れたという縄文土器にはお目にかかったことがない。きちんと観察していれば、縄文土器は輪積み法で作られているということがわかるはずである。もし、巻き上げ法で作られた縄文土器があるとすれば一見してみたいものである。

イ　手捏ね法

　これは粘土の塊を指で摘み上げて成形する方法である。縄文土器の中でも小形の袖珍土器と呼ばれるミニチュア土器の類はほとんどがこの方法で作られている。また、先述した尖底土器の底の尖った部分もこの方法で作られている。縄文草創期の平底土器の底部も、底の部分のみならず立ち上がりの部分までもが、手捏ね法で一体的に作られているのではないかと考えられている（中村・小片　1964）。通常、平底の土器は、まず底の円板の部分を別に作り、その上に粘土紐を積み重ねて立ち上がりの部分を作っていっているので、この部分が剥がれやすくなっている。そのため、発掘された縄文土器の破片を広げると、円板状に剥がれた底部の破片がたくさん目に付く。しかし、草創期の平底の土器では、円板状に剥がれた底部はほとんど目にしたことがなく、これまでわずかに鹿児島県栫ノ原遺跡にあったのを見たことがあるだけである。底部から立ち上がりの部分までが手捏ね法で一体的に作られているためではなかろうか。草創期や早期の古い縄文土器は、平底の土器も尖底の土器も同じように手捏ね法と紐作り法を併用して作られていたのではないかと考えている。

ウ 型起こし法

これは籠などの型に粘土を貼り付けて成形した後、型を抜いて作る方法で、甲野勇の『縄文土器の話』(1976) の中には籠を使ったアメリカ・インディアンの土器作りが紹介されている。日本でも岡山県の金蔵山古墳や大阪府の国府遺跡 (図15)、茨城県の福田貝塚などから発見された土器の中には、明らかに籠の内側に粘土を貼り付けて作られた土器がある (杉山 1942)。古くからよく知られていたものであるが、これらの土器はいずれも古墳時代の土師器であって、縄文土器ではなかったのである。

縄文土器についての事例としては、宮城県地粮貝塚からの出

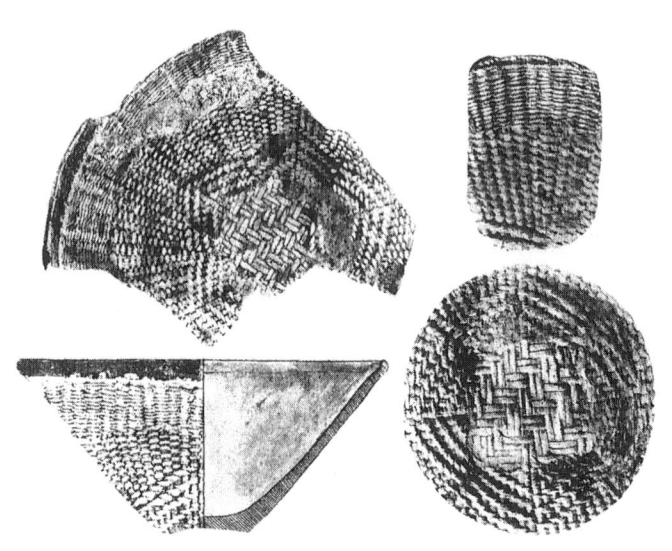

図15 古墳時代の籠目土器 (杉山 1942 より)

土例（興野 1965）がよく知られていたが、その後、群馬県の千網谷戸遺跡や栃木県の藤岡神社遺跡（手塚 2001）などからも籠の型の付いた籠目の縄文土器が見つかっている（図16）。また、南九州の晩期の遺跡からは、織物の圧痕の付いた浅鉢が発見されているが、これは籠などに織物を敷いて型起こしの方法で作られたものと見られている。これが草創期の土器であれば、誰もが喜んでこれを縄文土器の起源に結び付けて考えたことであろうが、いずれも縄文時代の終わりに近い時期のものであるので、土器作りの起源をそこに結び付けて考えるわけにはいかないのである。

　縄文土器の製作に、籠以外にも粘土製の型が使われていたのではないかと考えている人がいる（新井 1973）。加曽利貝塚博物館で精力的に縄文土器の製作実験に取り組んでいた新井司郎は、東北地方晩期の大洞式土器の製作に挑戦したところ、薄手の皿がどうしても作れなかった。そこで、型による成形を考えたというわけである。だが、この推測には無理がある。成形のむずかしさは、皿という器形や薄い器壁という土器の形状そのものに由来するだけではなく、ほかにも素地

図16　籠目土器（手塚2001より）

の可塑性や技術の習熟に由来するところが多分にあるので、単に成形のむずかしさという理由だけで、縄文人が型を使って作っていたという結論にはならないのである。

（3）　輪積み法による成形

　図17は縄文土器の展開写真である。よく見ると上の2つの土器には粘土紐の継ぎ目の線がずっと残っている。これは器面を整形するときに、継ぎ目の部分が平滑に仕上げられないで、もとの状態のまま残されているからである。この継ぎ目の線は口縁に沿って平行に走っている。かつて私が学生時代に読んだ八幡一郎の本には、尖底土器は口を下にして粘土紐をぐるぐると巻き上げて作るため、最後の部分が尖った底部になると書かれていた（八幡 1941・53）。ところが実物の尖底土器を観察すると、どの土器も粘土紐の継ぎ目の線は口縁に対して平行に走っていたのである。このことは、尖底文土器は粘土紐を螺旋状に巻き上げて作られたのではなくて、粘土紐を1段ずつ積み上げて輪積みの方法で作られていることを示していたのである。

　最上段の写真の土器は長野県の遺跡から出土した前期初頭の土器であるが、粘土紐の1段分の幅が4〜6㎝くらいある。その下の土器は東京都青梅市の遺跡から出土した中期の土器で、この土器も継ぎ目の部分の器面が平滑に仕上げられていないため、横に走る継ぎ目の線が見える。この線の幅から、細い粘土紐を積み上げて成形されている様子がよくわかる。

4. 土器の成形　59

図17　土器の展開写真（小林編 1988・1989 より）

図17の中段の写真は岩手県の遺跡から出土した中期の土器の展開写真である。この展開写真から何を読み取ろうとしているのかというと、この土器は壊れた土器を接合して復元してあるので、写真には壊れたときの割れ目の線が写っている。土器は粘土紐の継ぎ目の部分で壊れやすいので、割れ目の線をなぞっていくと、粘土紐の継ぎ目の箇所がわかるというわけである。そこで、展開写真に写る割れ目の線をなぞってみると、口縁に平行して直線的に走る複数の割れ目の線を拾うことができる。粘土紐の継ぎ目で壊れたと考えられる割れ目の線である。この土器は高さが58cmもある大形の深鉢であるが、ほぼ2cmの等間隔で走る割れ目の線が見えることから、細い粘土紐約30段を積み上げて作られていたことがわかる。

　その下の写真は茨城県の遺跡から出土した加曽利E式土器の展開写真で、割れ目の位置を示す線の間隔が非常に広くなっている。これは太い粘土紐を使って作っているから広くなっているのではないのである。横に走る割れ目の線を拾っていくと、胴部の中ほどに一周しないで途切れた割れ目の線が見える。ここは幅の広い部分の約3分の1の幅になっている。幅の広い部分がこの部分の3倍の幅になっていることから、幅の広い部分には3本の粘土紐が積み重ねられていたことがわかる。ところで、粘土紐がどの継ぎ目の部分で壊れるかというと、それは接合部分の接着の強度に左右されることになり、幅の広い部分では3本の粘土紐が互いに強く接着していたために壊れることがなかった。この土器は粘土紐を一気呵成に積み上げて作られた

ものではなくて、3本積み上げたところで積み上げ作業をいったん休止し、少し時間を置いて次の3本の粘土紐が積み上げられた。そのため、その時間的なギャップによって生じた粘土紐の硬さの差が接着力を弱める要因となって、この土器は3段目ごとの継ぎ目の部分で壊れたものと考えられるのである。

最下段は岩手県の縄文中期末の大形の土器である。なぜか東北地方の縄文土器は、大きさの割に幅の狭い、細い粘土紐を数多く積み上げて作っているということが、土器の割れ目の線から読み取ることができる。先に見た茨城県の土器と比較するとよくわかるが、同じ縄文中期の同じくらいの大きさの土器でもこの割れ目の線の比較から、太い粘土紐を使って土器が作られていた地方と、反対に細い粘土紐を使って土器が作られていた地方があったというようなこともわかる。縄文土器の展開写真は、土器の全面に施文された文様の全体を見るためのものとして撮影されたものではあるが、使い方によってはこのような活用方法もあるのである。

縄文土器の製作方法について、このような研究方法があることに気づいたのは、今から40年くらい前、私がまだ大学生の頃のことである。卒業論文は、南関東に分布する縄文早期の撚糸文系土器をテーマにしていたため、底の尖った土器のことが気になっていた。きっかけは、何気なく尖底土器の写真の上にトレーシングペーパーを置き、土器の輪郭と割れ目の線をなぞっていると、割れ目の線の中に、ほぼ等間隔で口縁に並行に走る何本かの線のあることに気付いたのである。これまでにも土器

片の割れ目には、明らかに粘土紐の継ぎ目で壊れているとわかる"擬口縁"のあることを知っていたので、直観的にこれは土器を作るときの粘土帯の継ぎ目の線だとわかったのである（図18）。そこで、ほかの土器の写真を取り出して見ると、そこにはやはり同じような割れ目の線があった。しかも、大形の破片の中には、小さい破片のほぼ整数倍の幅で壊れているものがあるということもわかったのである。先ほどの土器のように、大形の破片と小形の破片があるということは、尖底土器は一気呵成には作られてはいなかった。そして大形の土器と小形の土器との違いは、積み上げに用いる粘土紐の数によるものということもわかってきたのである。

当時は大学の偉い先生方が書いた本などを読んで勉強していたので、尖底土器は口縁を下にして、粘土紐を螺旋状に巻

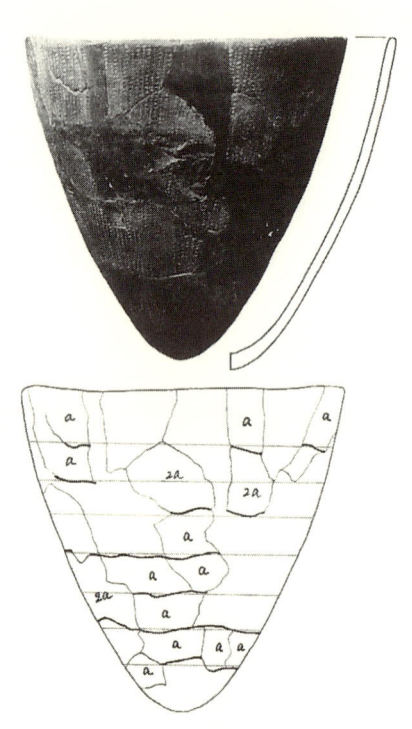

図18　卒業論文の図版

き上げて作られているものと固く信じていたのである。だが、どう見てもそこには粘土紐を巻き上げて作られたと思われる螺旋状の割れ目の線は出てこなかった。こういう出来事があって、土器の製作法についての研究は意外に行われていないということに気付くとともに、これが契機となって縄文土器の製作法に興味をもつことになったわけである。

　図19は、これまでの観察をもとに、土器のいろいろな部分の接合の仕方を模式図にしたものである。たとえば、底部を作るときの方法には、円板を作っておいてその上に粘土紐を乗せている例や、後ではめ込んでいる例、手捏ねで作っている例などが観察されている。また、胴部の接合の仕方にもいろいろなバリエーションがあり、屈曲した部分の接合の仕方にもいくつかの方法のあったことが観察されているのである。さらに口の部

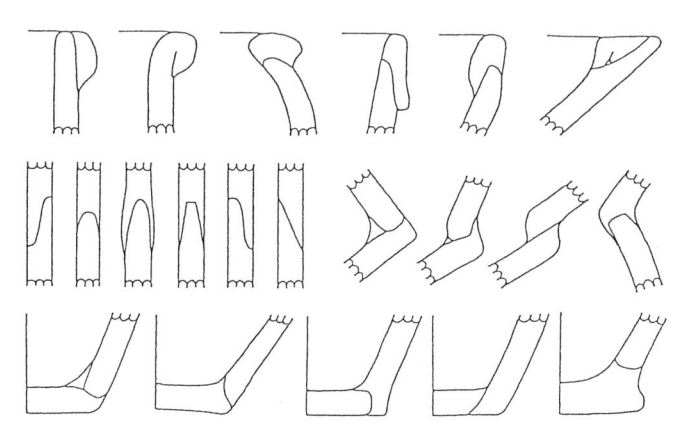

図19　粘土帯の接合状態を示す模式図

分の仕上げについても、粘土紐を貼り付けて厚くしたり、折り曲げたり、指で摘んだりというような例が観察されている。これらは身近にあった縄文土器を観察していて目に付いたものを模式的な図にしたものであるが、もっといろいろな地方のいろいろな時期の土器を観察することができれば、縄文土器はどういう方法で作られているのか、もう少し体系的にまとめることができるのではないかと考えている。

　ところで、尖底土器は粘土紐を一段ずつ積み上げて作られていることはわかったが、口の部分を下にして作られていると考えられていることについてはどうであろうか。一般的に紐作り法による土器作りでは、下に位置する粘土紐の上端は丸く凸になり、その上に重なる粘土紐の下端は凹になってちょうど噛み合うような状態になって接合されているので、この接合面を観察することによって、どちら側が上で、どちら側が下になっていたのかがわかる。このことは、ドイツのアルフレッド・ゲッツェによって指摘されていて（佐原 1974）、日本では山内清男が「縄文土器の技法」（山内 1958）の中で触れている。

　及川洵は、土器の表面に残された指の跡から、口縁部側から作られた土器のあることを報告している（及川 1972）。図20の土器である。これまで口縁部側から作られたという土器は見たことがないので、接合面での凹凸関係を確認することはできないものなのかどうか、数ある縄文土器の中でも、この土器は気になっている土器の１つである。

　同じ土器でも割れ目の線の間隔が広いものと狭いもののある

4. 土器の成形　65

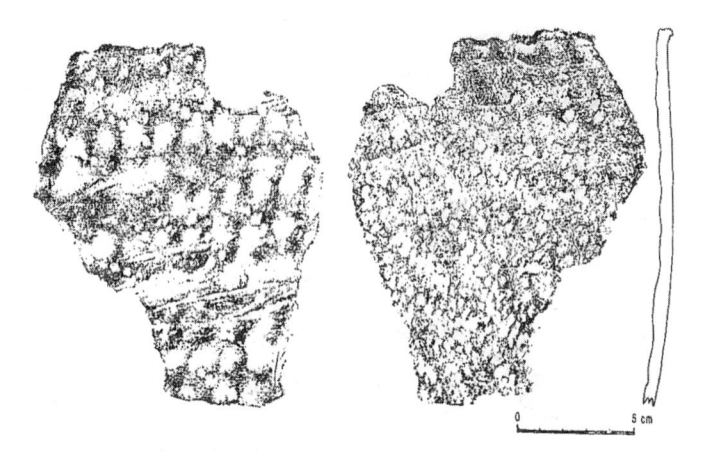

図 20　口縁部から作られた土器（岩手関谷洞窟、及川 1972 より）

ことが観察されている。図21は断面を観察しながら復元した土器である。これは縄文前期の諸磯式土器であるが、断面の接合部とみられる部分にA～Cの記号をつけてある。Aは粘土紐の接合面がはっきりと観察されるもの、Bはやや明瞭なもの、Cはまったく不明瞭なもので、これは粘土紐の接着力に3段階の差があったために生じたものと考えている。この土器の製作工程を追ってみると、底部の円板とその上に乗る粘土紐の接合部にはAがみられ、剥がれた面は非常にはっきりとしている。土器の土台になるので少し硬めの素地を用いたか、少し時間をおいて次の作業に移ったか、はたまたL字状に接合されたために十分な接着力が保てなかったためであろう。

　胴部に移るとBとCが交互にみられるようになることから、ここでは粘土紐を積み上げる作業に連続した作業（C）と、間に

やや時間をおいた不連続な作業（B）のあったことがうかがわれるのである。実際に土器づくりを体験してみればわかるが、このような形をした土器は作りやすい方で、屈曲の大きい土器を作るときなどには、粘土紐を積み上げる途中で作業をいったん休止し、ある程度時間をおきながら作業をやらないと素地の重みで形が崩れてしまうことがある。素地をある程度乾かして形を固定する意味でも途中で作業を休止するようなことがあったのではないかと考えている。

　このように土器の破片や断面に残された接合痕や割れ目の線などの観察から、粘土紐を積み上げる作業には連続した作業と、間にやや時間をおいた不連続な作業があったのではないかと考えた。では、なぜこのような工程が想定されるのかというと、早期の押型文土器や前期の諸磯式土器などには、しばしば接合面に被さる粘土の下から押型文や縄文の施文された面が現れることがある。これは、粘土紐を積み上げる成形作業の途中においても、押型文や縄文を施文するという作業が行われていたことによる。成形作業の途中で作業を中断すると器面は乾燥して硬くなり、押型文や縄文などの文

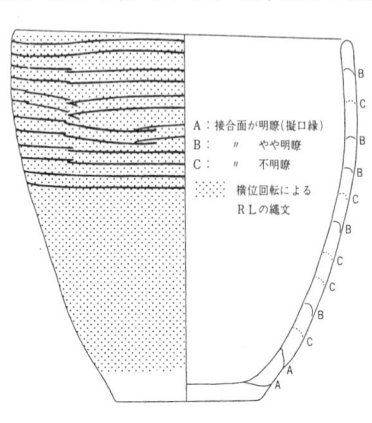

図21　粘土帯の積み上げ方法

A：接合面が明瞭（擬口縁）
B：〃　　やや明瞭
C：〃　　不明瞭
横位回転によるRLの縄文

様は付きにくくなる。そこで通常の施文作業に先行して器面が
まだ軟らかいうちに施文し、次の成形作業を待つという作業手
順が想定されることになる。この作業は、多分、①2〜3段の
粘土紐を積み上げる→②器面を平らに整形する→③地文の押型
文や縄文を施文する→中断した後に①〜③という作業が再開さ
れ、胴部の成形ではこの①〜③という作業が繰り返し行われた
ものと考えられることから、接合部に見られるCは①の作業に
よって生じ、Bは③→①という不連続な作業によって生じたも
のと考えられるのである。したがって、剥離した接合面に押型
文や縄文が認められるということは、すでに③によって押型文
や縄文が施文された面の上を、次の成形作業①によって下に引
き伸ばされた粘土が被ったためということになる（図22）。ここ
に例示した縄文前期の諸磯式土器などもそうであるが、縄文土
器では文様の多くが胴の上半部に集中していて、胴の下半部に
は地文の縄文だけというような文様構成をとるのも、このよう
な器面の乾燥を考慮して、胴下半部の施文を一部先行させるというような成形方法が関係していたのではないかと考えている。

図23は復元する

図22 成形の途中で施文された押型文

図23　粘土帯の接合状態

図24　刻み目のある粘土帯

前に確認したものであるが、土器の底部がきれいに円板状に剥がれている。円板状の底部の上に粘土紐を積み上げるとき、まず底部の円板を作っておいてから粘土紐を積み上げている。左下と左上がその写真で、底がきれいに剥がれた様子を見せている。右上と右下は胴部の粘土紐の剥がれた部分であるが、接合面が斜めに削いだようになっていて、よく接着するよう接合面を広くする工夫がされている。図24は粘土紐の継ぎ目のところに刻み目の入っているも

のである。これはヘラで刻み目をつけておくと、その刻み目の中に粘土が入り込んで強く接着するだろうという効果をもくろんでのものと考えられるが、こういう穴が残っているということは、実際には素地が硬くて刻み目の中にまでうまく粘土が入っていかなかったということである。条線状の引っかき傷を付けたり、そこに"どべ（ヌタ）"を塗って接合を確実にする方法は、現代の陶芸の世界でも行われているが、すでに縄文土器にもこれに近い方法が採用されていたのである。

　ここで粘土紐の接合の仕方について見てみよう。

　図25の左上は、粘土紐を上に次々と積み上げていく輪積み法の中でも一般的な成形の方法である。上の粘土紐を下に伸ばし

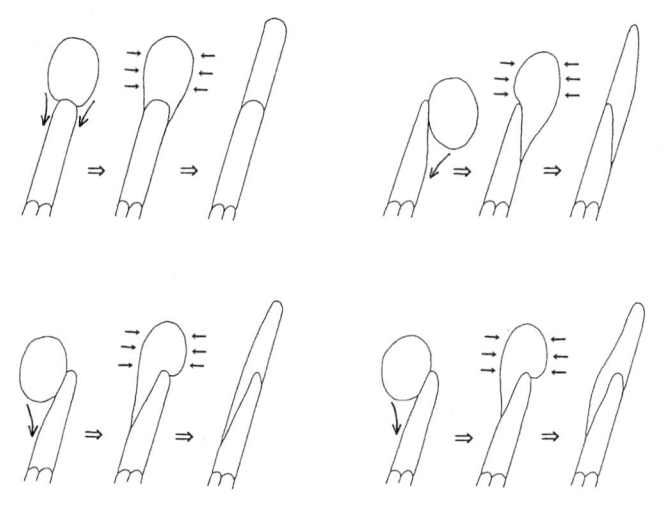

図25　粘土帯の接合方法

て接合面に貼りつけた後、指でつまんで押し潰しながら上に引き伸ばして厚さを均一に整えている。左下は接合面を広くするために内側が斜めに削いだようになっていて、ここに粘土紐を貼りつけるような方法で接着し、指でつまんで押し潰しながら上に引き伸ばしている。

　右上は図23の写真にもあったが、反対に外側が斜めに削いだようになっていて、ここに粘土紐を貼りつけるような方法で接着し、指でつまんで押し潰しながら上に引き伸ばしている。しかし、土器の内側に接合面をもつものに比べて、このように外側を接合面としている例は稀である。これまで観察したものの中では、前期の諸磯式に数例あったのを見たことがあるくらいで、関東地方の縄文土器ではこの接合例はあまり見たことがない。

　右下は左側と同じやり方をしているが、接合部分の断面が卵を呑んだ蛇のように膨れている。粘土紐の積み上げ作業の途中で作業を休止すると、先に積み上げた下の粘土紐の部分が硬くなるので、継ぎ目の部分がどうしても厚くなり、膨れたような状態になる。これも実際に土器を作ってみればわかるが、土器の断面にこのような膨れた部分があれば、これは粘土紐を積み上げる作業の途中である程度作業を休止していた時間があったということを現していることになる。

　かつてロシアのグロマトゥーハ遺跡から出土した尖底土器を復元したとき、土器の内側の継ぎ目と思われる部分が同じように膨らんだ状態になっていたのを目にしている。尖底土器は、

底部から口縁部に向かって大きくラッパ状に開く器形をしているので、この土器では粘土紐を一段積み上げるごとに作業を休止し、やや時間をおいて次の粘土紐を積み上げるという作業を繰り返しながら作られていたようである。また、このことから8～9段の粘土紐を積み上げて作られていることもわかる。

ここに4種類の土器の接合例を紹介したが、右下の接合方法は、日本では草創期の土器に見られることから、この時期に特徴的な方法と考えて間違いないようである。

これまで、日本の縄文土器は粘土紐を一段ずつ積み上げて作られているという証拠を、いくつかの例をあげて見てきた。ところが最近、外国には日本の縄文土器などとはまったく異なる別の方法で作られた土器があるといわれている。アメリカのスミソニアン研究機構のパメラ・バンディバーが唱えている説で、エジプトからパキスタンあたりにかけての西アジアを中心とする地域には、パッチワークのように粘土の板をつなぎ合わせて成形するＳＳＣ法（sequential slab construction）という方法で作られている土器があるというのである。

最近ではこの説に触発されて、同じような方法で作られた土器が中国にもあるといわれているし（図26、西江1995）、日本の縄文草創期の土器もこの方法で作られているという研究者がでてきている（阿部 2001、栗島 1995）。もし隣の中国や日本の草創期の土器がそういう方法で作られていたとすると、土器の起源論はまったく違った展開になっていくことになる。これまでの観察から日本の縄文土器は輪積み法で作られていると確信し

ているので、もしSSC法で作られた土器があるのであれば、誰もが納得する確実な証拠を示してもらいたいものである。

もし、パメラ・バンディバーがいうように西アジアの土器が縄文土器とは違う方法で作られているとすると、東アジアと西アジアの土器は起源が違うとする多元論にとっては重要な証拠ということになる。先ほども述べたように、西アジアの土器は食物の煮炊きを目的にしたものではなくて、貯蔵のために作られたのが出発点になっているといわれている。そこで、この貯蔵という機能に焦点を当ててSSC法のルーツを探ってみると、この地方には当初、住居の床面に穴を掘り、それに粘土を貼って貯蔵穴としていたので、この壁に粘土を貼って貯蔵穴を作るという方法が移動可能な容器としての土器作りに応用されて（小林 1987）、SSC法という成形方法が考案されたと考えると、この特殊な土器製作法の起源は非常に明快になる。しかし、この論法では、年代的にも先行する日本の草創期にSSC法で作られた土器があっては説

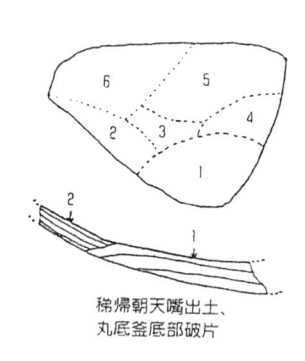

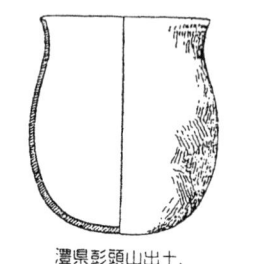

稊帰朝天嘴出土、丸底釜底部破片

澧県彭頭山出土、丸底罐

図26 パッチワークで作られたとされる中国の土器（西江 1995 より）

明に不都合であるし、これが事実とすれば、縄文土器のルーツを西アジアの土器に求めたかつての一元論が復活することになるのであろうか。

また、このパッチワークの要領で粘土板を貼りつけていくSSC法も、貯蔵穴に粘土を貼るのと同じように"型"に粘土板を貼りつける方法であれば簡単にできるが、この方法では硬い素地を用いて成形するか粘土板を支える"型"のようなものがなければむずかしい方法と考えられるからである。まだこの方法で作られた土器は見たことがないが、この成形方法の存在については疑問視している。少なくとも、粘土板を連続的に貼りつけるような成形方法であれば、横方向に走る接合痕とともに縦方向に走る接合痕も観察されるはずであるので、この方法で作られたとする証拠としては、確実にこの縦方向に走る複数の接合痕が観察されるか、あるいは、接合の単位となる粘土板を見つけだす以外にはないはずである。

私も土器の接合痕を見分けるくらいの観察眼は持ち合わせているつもりであるが、まだ日本の古い縄文土器でこの縦方向に走る確実な接合痕も、貼り合わせたとする粘土板も目にしていない。

ただ、接合面が図25の左下のように上下方向に長く幅広に貼り合わされていると、土器の器壁が縦方向に剥がれて、あたかも2枚の粘土板を貼り合わせたかのように見えることもあるし、また紐作り法でも短い粘土紐がつなぎ合わされていると、縦方向に走る接合痕が複数個所で認められるということになる

ので、慎重な上にも慎重な観察と、確実な証拠にもとづく発言が求められることになる。

　私もバンディバーが縄文土器を手にしながら製作法の観察をしている場に居合わせたことがあるが、私の観察の視点とは大分違っていたのを覚えている。図27は、彼女が縄文土器を観察してメモしたものである。土器片の割れ目や断面に見られる粘土の状態がこと細かくメモされていて、接合痕とみられる線も書き込まれている。しかし、擬口縁のような確実な接合痕を確

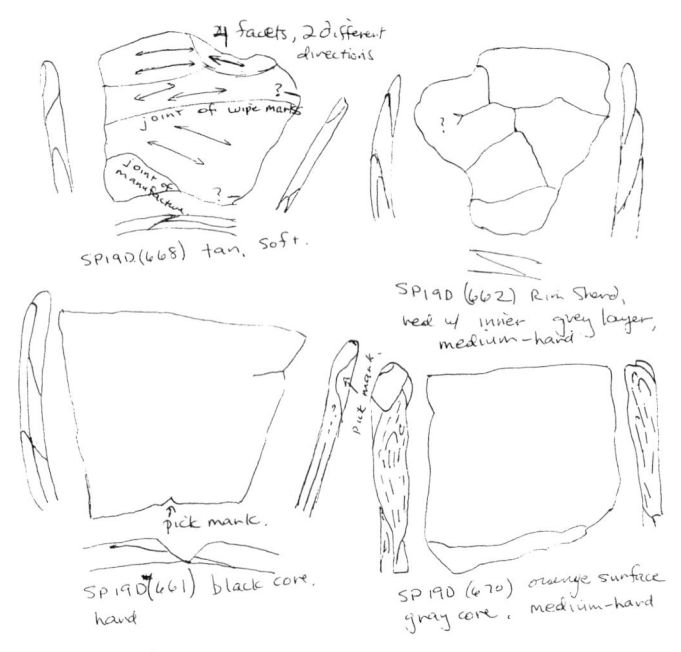

図27　バンディバーによる土器の観察図（バンディバー 1991 より）

認した上で、それが接合痕の線であると判断したものではないように思われる。

　一方、私も接合痕を調べるために細かい断面の観察をすることはあるが、それは観察することのできる資料が少なくて、小さな破片のみというような場合に限られる。縄文土器の製作法を研究するのであれば、完形に復元された土器や大形の破片が大量にあるので、まずそれらの中から粘土紐の痕跡や、規則的に走る割れ目の線をとどめる資料を抽出し、それによってどのような方法で成形されているのかを判断する。たとえば、粘土紐の痕跡や擬口縁が確認されたとしても、小さな破片では巻上げ方で作られているのか輪積み法で作られているのかまでは確認できないからである。

　また、規則的に走る割れ目の線が認められるような資料についても、その割れ目と接合面とが一致するかどうかを擬口縁のような確実な接合痕によって確認する。先述したように、土器の展開写真を使って成形方法を研究するという方法も、この観察法から出発したものである。もし西アジアの土器の製作法の研究に取り組むというような機会があれば、基本的には縄文土器と同じような方法で成形方法を確認するということになろう。たとえば、単位となる粘土板の痕跡をとどめるような資料を探し出すか、あるいは粘土板の存在を想定させるような割れ目の線をとどめる資料を探し出し、そこに擬口縁のような確実な接合痕があるかどうか確認するという手順を踏むことになる。もし、バンディバーが日本の縄文土器の観察でみせたのと

同じような方法で、西アジアの土器がＳＳＣ法で作られていると判断したのであれば、擬口縁のような確実な接合痕を確認した上での結論でもないように思われるので、ＳＳＣ法の存在そのものについても疑問視せざるを得ないのである。

　また、次に述べる話は、タイで土器作りを観察した瀬川芳則が記録したものである。叩きの技法で成形する土器では、叩きすぎて器壁に穴があくと、その穴に粘土の塊を当てて塞ぎ、何事もなかったかのようにして作業をつづけるそうである。このような例があることを知ってしまうと、叩きの技法で土器が作られている地域では、たとえ土器の一部に粘土板状のものが観察されたとしても、これをもってただちにＳＳＣ法で成形されているとはいえないことになる。

5. 器面の仕上げ（整形）

　粘土帯の積み上げが完了して土器の全体の形ができあがると、表面の凹凸を均して平滑にしたり、細部の形を整えたりして仕上げる調整の作業が行われる。この作業の主目的は、もちろん土器の表面を平滑に仕上げることにあるが、この作業には作業工程から見て文様の施文に先立って行われる調整と、文様を施した後に行われる調整の2つの方法があったことが知られている。それぞれ方法と効果に違いがあるので、ここでは説明の便宜上、前者を「整形」、後者を「研磨」と呼んで区別しておくことにする。

　整形は、成形の工程につづく作業である。器面を平滑にするとともに、成形工程の総仕上げとしての役割ももつため、細部を仕上げる調整は、文様の施文に先立つこの段階で行われる。成形に対して整形といわれる所以である。この作業は、土器の器面がまだ柔らかい段階で行われ、土器の外面においては施文の下地、施文の行われない部分についてはそのまま仕上がりの地肌となるため、その調整は内面に比べて入念に行われる。中期の阿玉台様式の土器などには、積み上げた粘土紐の接合部分を押しつぶしたときに付いた指の跡をそのまま残したものがあるが、このような例などは、それ自体が装飾的効果をねらった

意図的なもので、むしろ例外的なものになる。

　ここで行われた作業としては、指やなめし皮などを使って器面の凹凸を平滑に均したり、器壁を削って厚さを均一にしたりするというような作業が行われたものと考えられる。ただ、器面を削る作業は器壁がやや硬くなったタイミングを捉えて行われるため、その採用は土器様式によってもその時期によっても異なっていた。たとえば、関東の撚糸文系土器ではその後半の時期に採用されたが、これは施文のタイミングとの関係から無文化への動きに拍車をかけたようである。

　また、縄文早期の土器には、アカガイやハイガイのような肋脈のある貝殻を使って器面を調整したものがある。器面を引きずったときに肋脈でできる平行な条線を条痕（文）と呼んでいるが、山内清男は縄文とともに条痕（文）についても、文様としてよりは器面調整としての効果を強調している。縄文土器の代表的な文様である縄文や撚糸文・押型文などのように原体を回転して施文されている文様については、装飾としての役割を否定しないまでも、同時に器面調整としての役目をも担っていたものと考えられるのである。

6. 文様の施文

　器面の調整が終わり土器の表面が平滑に仕上がると、いよいよ文様を付ける作業になる。文様の種類は山内清男や佐原真が使っている沈文・浮文・塗彩という大まかな分類を使って説明することにして、細かい説明は章を改めて「縄文土器の文様」ですることにする。

　ところで、縄文土器の文様は、縄文時代の各時期・各地方を通じて沈文と浮文による文様が中心となっていて、西アジアや中国の土器などと比較して、顔料を用いた塗彩、彩文といった技法の採用は低調である。これは、日本の縄文土器が貯蔵用ではなくて、煮炊きを目的とする深鉢土器が中心であったことに起因するものと考えられる。

（1）沈文

　土器の表面よりも凹の状態に印された文様を沈文と呼んでいる。篦のような工具を用いて描かれた沈線や櫛のような工具を用いて描かれた櫛目文のような文様がある。さらに器面を削り取る、抉り取るといった方法で付けられた文様もある。縄文土器にはこの削り取る、抉り取るといった方法で付けられた文様

は多くはないが、東北の亀ケ岡式土器の文様の中には抉り取る、あるいは削り取るといった方法で付けられた文様がある。たとえば、レリーフ状に仕上げられた浅鉢の文様や脚に細かい透かし彫りを施した台付土器の文様などはこのような方法で付けられた代表的な文様ということができる。しかし、多くの縄文土器について見れば、土器製作法の工程においても削り取るという方法は、器壁の厚さを整えるときに用いられるくらいで、細かい部分の仕上げといえども削って仕上げるということはほとんど行われていない。縄文土器の特徴ともなっている口縁部の把手や波状の突起なども詳細に観察すると、細かい部分の仕上げは素地の粘土を足しながら行っているのである。

　余談になるが、縄文時代の土偶はあらかじめ壊れやすいように作られているという説を唱えている人たちがいる（小林 1977、小野 1984）。小林達雄は、土偶はチョコレートと同じようにあらかじめ壊れやすいように作られていると考えているのである。先ほども述べたように、縄文土器に代表される粘土を用いた造形の基本は、素地の粘土を付け加えながら形を整えることにある。したがって、必然的に接合した部分が壊れやすくなっている。土偶の製作においても、胴体に手や足、頭といった部分を継ぎ足して作っているのは、壊れやすさをもくろんでのこととする解釈である。しかし、藤沼邦彦はアスファルトの付着したものがあることからこの土偶の破損故意説を否定する（藤沼 1979）。アスファルトによって補修しながら使っていると考えられるからである。土偶の接合痕をめぐっては、これを意

図的な行為の所産とする解釈と、それを否定する解釈の見解を異にする2つの意見がある。

沈文には篦や櫛歯状の工具を用いて施文されたもののほかにも、竹を丸いまま使ったり半分に割って使う竹管文や爪形文、貝殻の縁を引きずったり突き刺したりして付ける貝殻条痕文や貝殻腹縁文などの文様がある。また、同じように多用された文様には、原体を回転しながら押して付けた縄文や押型文がある。これらの文様は、縄文時代を通じてかなり広い地域に分布が見られるので、長命で広域型の文様ということもできる。

一方、北海道から東北地方の早期には、魚の背骨を回転してつけためずらしい文様がある（大沼 1985）。最近では、黒鉛が入った土器として知られている沢式や樋沢式と呼ばれている中部地方の押型文土器にも、アユの背骨を回転してつけた文様があるといわれている（中島 1991）。まだその実物は見ていないが、縄文人の着想のユニークさにはただただ感心するばかりである。

(2) 浮文

沈文とは反対に、土器の表面よりもとび出した凸の状態に施された文様を浮文と呼んでいる。隆起線文や浮線文、凸帯文など呼び方はいろいろあるが、いずれも素地の粘土を貼り付けるなどして器面よりもとび出した文様が付けられている。沈文と併用されるものがあるなど、浮文も縄文時代を通じてかなり普

遍的に見られる文様である。

　なかでもユニークなのが、土器本体の素地とは色の異なる色違いの素地を用いて付けたものがある（図28）。主に北関東から越後にかけての地域に分布する縄文前期の諸磯式土器などに見られる浮線文で、ここでは浮線文の部分が目立つように白色粘土を用いて付けられているのである。

　これまで、本体と違う素地を使うと収縮率の違いで剥落するといわれていたが、事実は別だったのである。私も常滑焼の大甕を復元していて、それが複数の素地を用いて作られているのを観察したことがある。このケースでは、甕が紐作り法で作られていたので、色調のまったく異なる素地がちょうど鉢巻きのように帯状に観察されたが、複数の素地を用いても土器を作ることは可能だったのである。

　北海道の道東地方にはオホーツク式と呼ばれる縄文土器よりも新しい時期の土器がある。これらの土器には非常に細いソーメンのような粘土紐を貼り付けた文様が付けられている。私はまだ実験したことはないが、山内清男は、ケーキのデコレーションと同じ要領で、細いチューブの先から粘土を絞り出して付けたのではないかと考えている（山内 1958）。関東から中部地方にかけての地域に分布する縄文前期の十

図28　色違い粘土による浮線文（金持 2004 より）

三菩提式や中期の曽利式などにも、同じように細い粘土紐が貼りつけた文様が付けられているので、あるいは同じような方法で付けられた文様ということも考えられるのではなかろうか（小林 1978）。

また、縄文土器には口縁部を立体的な把手や突起の類で飾るものがある。これらは浮文とは呼ばないまでも、粘土を貼り付けた文様の一種と見れば、浮文の範疇に入れてもよいかと考えられるが、一方、北海道の突瘤文のように見方によっては沈文にも浮文にも見える文様もある。

（3）塗彩・彩文

これは顔料を用いて描かれたり彩色されたりした文様のことである。弥生土器や土師器にも顔料を用い着色されているものがある。弥生土器や土師器では焼く前に塗られていて、焼成によって器面に焼き付けられている。しかも、用いられている顔料はほとんどがベンガラと呼ばれる酸化鉄である。これに対して、縄文土器では顔料のほとんどが焼いた後に塗られていて、種類も赤色、黒色、白色の3種類の顔料が使われている。

赤色の顔料には酸化鉄（ベンガラ）と硫化水銀（水銀朱）があり、酸化鉄は比較的容易に手に入れることのできる顔料であるので、縄文時代でも各時期・各地域を通じて広く使われている。酸化鉄を多く含んだ赤い粘土も同じように赤色顔料として使用されていたものと考えられる。ところが、同じ赤色顔料で

も、水銀朱は辰砂という鉱石に含まれている硫化水銀のことで、その製法については辰砂を細かく砕いて粉にし、水洗によって不純物を取り除いて精製するといわれているが、この水銀朱が縄文時代の後・晩期の時期に顔料として使われているのである。分析結果を見ると、関東地方から東北地方にかけての地域で使われているので、問題となるのは東日本の縄文人はこの水銀朱をどのようにして手に入れていたのかということである。

　日本のような火山列島では酸化鉄はどこにでもあるが、辰砂となると産出地は限られている。しかし東日本の縄文人はその産出地の限られた水銀朱を使っているわけであるから、縄文人が自ら辰砂の鉱脈を探し出し、その辰砂の中から水銀朱を取り出す方法を考え出したものなのか、あるいは水銀朱も製法も大陸からやってきたものなのかということになる。もし、それが縄文後期に大陸から東日本にやってきたものであれば、これは単に土器の顔料という問題にとどまらず、別の大きな問題にまで発展することになる。

　また、黒の顔料は煤や炭を粉にしたものを用いたものと考えられるが、東京都世田谷区の遺跡からは縄文時代にはめずらしい白色の顔料が塗られた浅鉢形土器が出ている。類例は南九州の後期の土器にもあるが、白色粘土が顔料として用いられていたようである。縄文時代には白色顔料の使用例はきわめて少なく、このほかではわずかに関東地方中期の土偶の陰刻部分に象嵌の要領で白色粘土を詰めたものがあるくらいである。

　ところで、縄文土器は弥生土器や土師器などと違って、顔料

は焼成後に塗られているが、顔料をそのまま塗っただけだと簡単に剥がれ落ちてしまう。そこで、縄文土器ではこれを土器の表面に固定するために、漆などのような植物の樹脂か膠などに混ぜて塗っていたものと考えられる。事実、山形県の押出遺跡からは赤漆と黒漆を用いて渦巻き文様を描いた縄文前期の彩文土器が出土しているので、樹脂を用いて顔料を固定する技術は、縄文時代の前期頃にはすでに確立し、一般化していたものと思われる。こういう技術がどこからきているのかというと、低湿地遺跡から出土する木器には顔料を塗って飾ったものがあり、耳飾りのような土製品にも顔料を塗ったものがあるので、もとは木器などの土器以外の生活用具を飾るための技術であったものと考えられる。

　土器の表面に塗られた顔料は基本的には装飾の目的で用いられているものと考えられるが、中には樹脂がもつ防水効果をねらって土器の内面に塗っているものがある。また、漆は硬質な膜を作るので、防水効果に加えて土器を壊れにくくする効果がある。装飾以外の目的で顔料が用いられることもあったのではなかろうか。

　顔料を用いた装飾には、塗彩と呼ばれるものと彩文と呼ばれるものがある。厳密に区別することはできないが、塗彩は土器の全面に彩色されたものや磨消縄文のような区画された文様の部分にだけ彩色されたものをいい、彩文は顔料を用いて文様の描かれたものをそのように呼んでいる。

　縄文時代の前期や中期には、沈文も浮文も施されない無文土

器と呼ばれるものがある。多くは浅鉢のような煮炊きには使われない土器で、当時は多分、顔料で彩文されていたものと考えられる。顔料は泥炭層のある低湿地遺跡のような特別な条件を備えた遺跡ではよく残るが、通常の遺跡では樹脂のような有機物は分解するため、顔料も落ちて無文土器のような状態になったものと思われる。いずれも肉眼では識別することができないので、赤外線などを用いた理化学的な方法で検証するということになる。

　一方、注意しなければならないものとして、土の中に埋まっている間に土器の表面に付着する物質がある。私が復元した新潟県の干溝遺跡から出土した草創期の隆起線文土器は、土器の表面がベンガラを塗ったように赤く染まっていたのである。事実とすれば塗彩土器の起源が草創期にまでさかのぼることを示す恰好の資料となるはずであったが、詳細に観察すると、赤い付着物は土器の表面だけでなく割れ目の部分にまでも付いていたのである。当初から土器の表面に塗彩されていたのであれば割れ目の部分にまで付くことはないので、これなどは廃棄された後、地下水の影響によって赤色の付着物（酸化鉄）が付いた例ということになる。こういう事例もあるので、見誤らない観察眼が必要になる。

（4）施文のルール

　現代の焼き物には、備前や萩、益子など窯場ごとに特徴があ

るため、その作品がどこの窯で焼かれたものであるのか見ただけですぐにそれとわかる。縄文土器にもそれと同じように、一見しただけでそれがどの地方のどの時期の土器であるのかがわかるだけの特徴がある。これは使用される粘土に始まり、入れられる混和材、成形、施文、焼成などという土器作りのあらゆる工程の作業が、一定の約束事にもとづいて行われていることによる。こうした他と区別されるそれぞれの土器に特有の癖や特徴を、小林達雄は"流儀"とか"気風"という言葉を使って表現している。そして、この特有な流儀や気風によって区別されたものを"様式"と呼んでいる。考古学の遺物の分類に対して様式という言葉を使った中谷治宇二郎は、この土器に特有な癖や特徴に対して小林とは違う"型"(pattern)という言葉を使って表現している。たとえば、関東地方の縄文中期には、勝坂様式とか阿玉台様式、加曽利E様式などという土器様式があり、そこにはそれぞれの土器様式に特有の癖や特徴を見ることができる。阿玉台様式の土器に見られる雲母の入った胎土もその1つであるが、我々が縄文土器の様式を見分けるときの最大の着眼点となる文様についても、それぞれの土器様式には、文様のモチーフからレイアウト、使われる施文具の種類からその使われ方に至るまで細かいルールのあったことがわかっている。そのため、様式という捉え方ができるのである。

　図29は、佐原真が土器の文様の付け方を図解したものである（佐原 1956）。縄文土器を上から見たもので、横方向に展開する文様の付け方に、時計廻りと逆時計廻りの2つのパターンがあ

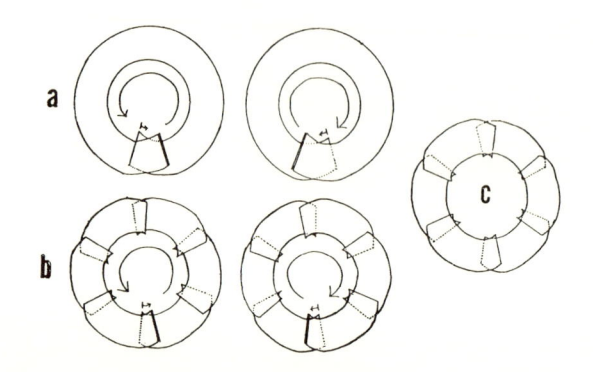

図 29　土器上部から見た横位文様の施文方向（佐原 1956 より）

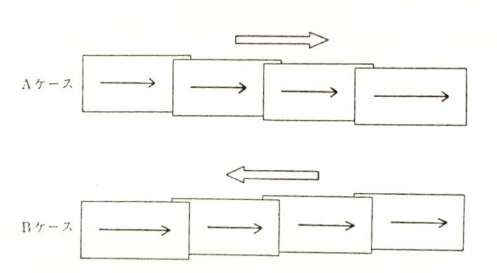

図 30　単位文様の施文方向（小林 1966 より）

ることを図解したものである。次の図30は小林達雄が縄文の施文方法を分析したものである。これも佐原と同じく、施文原体の縄を転がす方向と、全体としてどの方向に施文されていくのか、施文の方法にA・Bの2つのパターンがあることをわかりやすく図解したものである。文様は勝手気ままに付けられているものではないということがわかる。

6. 文様の施文　89

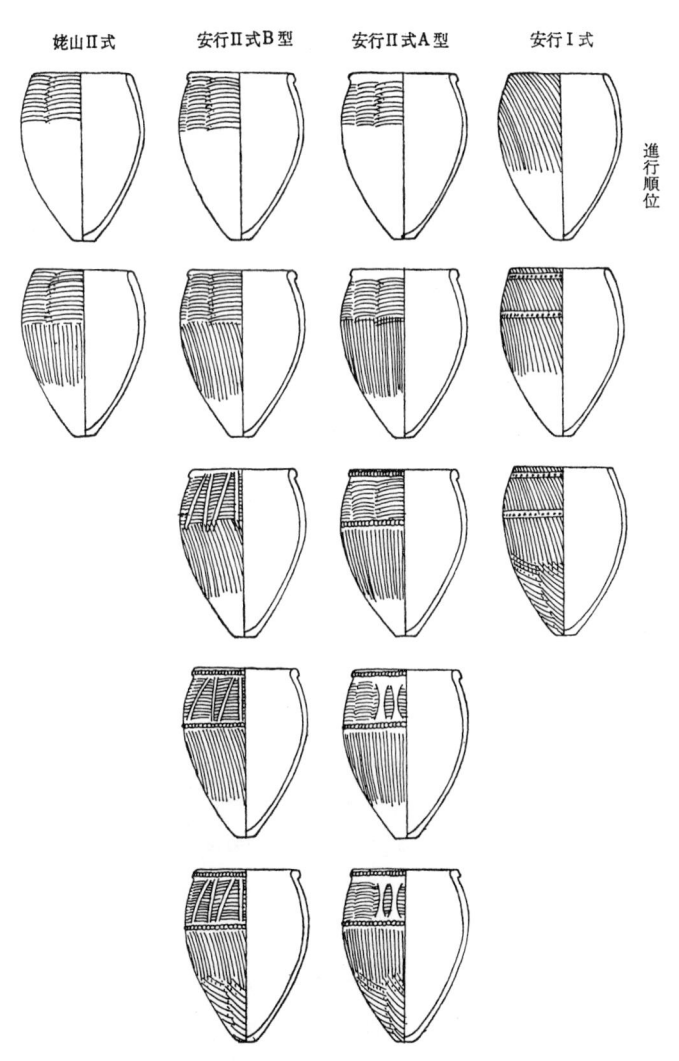

姥山Ⅱ式　　安行Ⅱ式B型　　安行Ⅱ式A型　　安行Ⅰ式

進行順位

図31　安行系粗製土器の施文順序（鈴木 1969 より）

図32 口縁部に横位・胴部に縦位施文された加曽利E式土器(東京都埋蔵
文化財センター 2000 より)

　また図31は、鈴木公雄が縄文後期の安行式土器の粗製土器に付けられている文様の施文順序を分析したものである(鈴木1969)。これらの研究の成果を見てもわかるように、縄文土器にはいろいろな文様があるが、いずれの文様についても、勝手気ままに付けられたものではなくて、その施文にあたってはきちっと決められたルールがあって、そのルールに則って行われたものであることを知ることができる。

　たとえば図32は、よく知られている関東地方の中期の加曽利E式土器であるが、この様式の土器では、縄文を付けるときの縄は口縁部では横方向に転がし、胴部では縦方向に転がしている。前期の羽状縄文系や諸磯様式の土器では、そのほとんどが縄は横方向に転がされている。また、中期の勝坂式土器で胴の下半部に縄文の付けられるタイプの土器では縄は斜めに転がし

て意識的に縄文の条が縦方向に走るように施文されている。同じように早期の撚糸文系土器でも縄を斜めに転がして条が縦方向に走るように施文されている。

　このように、縄文の施文1つを取り上げてみても、縄の回転方向や条の走る方向を意識しながら施文が行われていたのである。縄文土器の文様には、縄文のみならず他の文様の施文法についても縄文と同じようにきちっとした施文のルールがあって、そのルールに則って文様の施文が行われている。そして、その施文のルールも土器様式によって違っていたことがわかってきている。

7. 器面の仕上げ（研磨・削り）

　縄文土器を作る作業は、文様の施文をもって大半は終了となるが、まだ、焼くまでの間に行われる作業が少し残っている。その1つは、土器が少し乾燥した生乾きの段階で、擦っても器壁に含まれる砂が移動しない程度にまで乾いたときに、土器の表面を篦や貝殻などのような表面がツルツルとした工具で磨いて平滑に仕上げる作業がある。その効果については、器面に光沢をもたせる装飾的な効果と、水が漏れないようきめの細かい地肌に仕上げる実利的な効果があるとされている。もう1つはこれも土器が少し乾燥した段階で、表面を篦などで削って器壁の厚さを均一にするための"削り"の作業である。

（1）研磨

　縄文土器のように素焼きで多孔質な土器は、どうしても水漏れするので、この作業の多くは水漏れを防ぐための効果を狙って行われる。それでも1000℃以上の高温で焼成されれば焼き締まりがあり、自然釉がかかれば水漏れを防ぐ効果が少しは期待できるが、1000℃以下の温度で焼かれた縄文土器では水漏れを防ぐことができない。そこで、土器の内側をよく磨いてきめの

細かい地肌にする。そして磨かれた器面は、あたかも緻密な薄い膜を貼ったかのような状態に仕上がるので、この状態を捉えて、縄文土器にも"化粧掛"という技法があったと指摘する人もいる。

　化粧掛とは、土器の表面に化粧土（泥漿）をかけて仕上げる陶芸の技法である。現代の陶芸では絵付けのために表面を白っぽく仕上げるための方法として用いられているが、縄文時代前期の繊維土器の関山式土器などには、あたかも水簸した粘土を用いて化粧掛をしたかのように見えるものがある。表面に薄い緻密な層が見えるからである。しかしながら、これらは胎土中に含まれる大量の繊維が燃え尽きると中に空隙ができるため、特別によく磨いて水漏れのしない緻密な器面に仕上げているからである。磨けば表面にそのような緻密な層ができるので、これを化粧掛と見誤ったものと思われる。

（2）削り

　縄文時代の終わり頃になると、研磨とは別の方法による新たな器面の調整法が流行するようになる。土器の器壁を削って厚さを均一に仕上げたり、薄い器壁に仕上げたりする削りの技法で、主に深鉢の胴下半部に施される。縄文時代晩期の西日本の深鉢や関東地方の製塩土器などに顕著に見られるもので、その始まりの時期については明らかになっていないが、この削りの技法は縄文晩期の西日本で発達し、弥生土器や古墳時代の土師

7．器面の仕上げ（研磨・削り）

器へと受け継がれていく。

　また、早期の尖底土器は、最初、平らに作っておいて生乾きになった段階で削って尖底に仕上げたものと考えている研究者がいるが、尖底土器は最初から尖底の状態で作られていて、削って尖底に仕上げられてはいない。この削りの作業は器壁が生乾きになった段階で行われるので、時間的には文様の施文が終わってから行われる作業ということになる。

　早期の撚糸文系土器を観察すると、最も古い段階の井草式や大丸式土器では、底部付近のみならず文様は全体的に深くて明瞭な圧痕として印されている。これは縄文や撚糸文の施文が、器面がまだ軟らかい段階で行われたからである。もし、施文が終わった生乾きの段階で削りが行われていれば文様も削られてなくなるし、削られた後の器面に施文されたものであれば、乾燥の進んだ器面では文様も深くて明瞭な圧痕とはならないはずである。文様が深くて明瞭な圧痕として残っているということは、削りによる器面調整は行われていなかったということになる。

　ただ、撚糸文系土器様式でも終わり頃の平坂式土器などは、器面に削り痕が残されており、しかも文様も施文されていないので、削りによる器面調整が行われていたことは確かである。だが、先行する井草式や大丸式土器にも見られたように、尖底土器は最初から尖底の状態で作られていると考えられるので、この削り痕をもって平底のものを削って尖底に仕上げているということにはならないものと考える。

8. 乾　燥

　形のできあがった土器は、生乾きの状態では焼くことができないので、十分乾燥させる。乾燥させる期間は何日間とか何週間と決まっているわけではないが、当然のことながら、土器を作る季節とか乾燥させる場所などによって異なることになる。それでも、乾燥を左右させる要因はこれだけではなくて、土器の素地に混ぜられる砂などのような無機質混和材の量がこのことと大きく関係している。混和材がたくさん入った素地であると、乾燥するときの収縮が抑えられる。収縮率が小さいということは、一気に乾燥してもひび割れたりしないということになる。これは瀬川芳則がタイの北部のバン・ハンケオで観察した事例であるが、土器を作った日は日陰で陰干しにし、次の日には日向に出して乾燥させ、もうその日のうちに焼いている。砂がたくさん入っていると、そういう芸当もできるのである。逆にあまり混ぜものを入れていない土器は日陰でゆっくりと乾燥させるということになる。

　乾燥が順調に進めば焼成ということになるが、器壁が厚い土器などは、部分によって乾燥の進行具合が異なるので、それが原因となってひび割れが生じることがある。通常はこの段階で作り直しとなるわけであるが、土器によってはこのひび割れの

部分を別の粘土で埋めて補修しているものがある。このような場合、粘土の硬さが違うので、補修用の粘土がひび割れの上に盛り上がって、あたかも隆帯を張りつけたような外観を見せているものがある。

　このほか、焼成された土器については、ひび割れを補修孔で補修しているものがあるが、場合によっては焼成前にできたひび割れについても、焼成後の補修に備えて焼成前に補修孔が穿たれていたということも考えられる。しかし、このような事例はまだ確認されているわけではない。

9. 焼　成

　自然乾燥された土器は、いよいよ焼く工程に入ることになる。この工程を経ることによって初めて使用に耐える土器が完成する。粘土が熱によって化学変化をおこし、水を入れても元の粘土に戻ることがなくなるからである。

　それでは、縄文土器はどのようにして焼かれたのかということになるが、これだけたくさんの遺跡が全国の津々浦々で調査されているにもかかわらず、窯のような土器を焼いた遺構はまだ発見されていない。縄文土器がどのようにして焼かれたかということについては、まだはっきりとはわかっていないのである。弥生土器や土師器については、土器を焼いたらしい遺構が発見されている。大きさは大体直径が2～2.5mくらいで、若干堀りくぼめた穴の中で焼いている。最近ではこのような遺構が全国各地で発見されているが、縄文土器についてはまだ発見されていない。これだけ全国津々浦々で調査が行われてきているにもかかわらず、確実に焼成遺構と認定されるような遺構は出てきていないのである。遺構が発見されないということは、弥生土器や土師器を焼くのとは違って、地面にまったく手を加えない状態で野焼きをしたものと考えられる。考古学的にはなんとかここまではたどりつくことができる。

表2　土器焼成温度の推定値（久保田正寿氏原図）

推定方法	分析土器	推定温度（℃）500 600 700 800 900	文献
酸化AI溶出比の測定	中		近藤ほか(1935)
酸化AI溶出比の測定	早～後	←●→	清水(1982)
熱膨張測定法	前～後	←●	江藤(1963)
熱膨張測定法		●	田窪ほか(1969)
熱膨張測定法	早～晩	・・・・・・	梅田(1968)
示差熱分析法	草～晩	・・・・・・	竹山(1973)
示差熱分析法	草	←●	大沢ほか(1980)
示差熱分析法	草～晩	←●	梅田(1967)
示差熱分析法	中後	●	二宮ほか(1979)
示差熱分析法	中後	・・・・・・	大沢(1978)
メスバウアー分光法	中	←●	馬淵ほか(1980)
電子スピン共鳴法	後	●→	藁科(1981)
電子スピン共鳴法	土師 5C	・・・・・・	前田ほか(1980)
赤外線吸収スペクトル法	早中後	←●→	
熱ルミネッセンス法	早	←●	市川(1980)
フィション・トラック法	晩	●	笹島ほか(1979)
焼成実験・モデル板	縄文	───	新井(1973)
焼成実験・熱電対	縄文	───	大沢(1983)
焼成実験・熱電対	弥生	───	藤原ほか(1977)
焼成実験・熱電対	弥生	───	高槻市(1981)
焼成実験・熱電対	弥生	───	高槻市(1981)
焼成実験・熱電対	土師	・・・・・・	久保田(1989)
焼成・測定方法不明	民族例	───	中国雲南省

　外国の民族例ではどういう焼き方をしているかというと、これもまたじつに多種多様な方法で焼いている。焼く時間をみても、短いものでは20分から30分くらいで焼き上げているものがある一方、長いものになると、20時間も30時間もかけて延々と焼いているものがある。それくらいバリエーションがあるということである。

　表2は、久保田正寿が縄文土器の焼成温度を調べてそのデータを一覧表にしたものである（久保田 1989）。表の点線から上のデータは、実物の縄文土器の破片を理化学的な方法を用いて分析し、どれくらいの温度で焼かれたものかを調べたものである。高いものでは900℃くらいの数字も見えるが、全体的に低い

温度が出ており、500℃以下というものもある。このデータをみる限り、縄文土器が焼かれた温度は、700℃よりも低かったと考えてもよいのではなかろうか。

　点線より下のデータは、土器を作って焼成実験をやり、その焼成温度を測定したものである。1番上のデータは、加曽利貝塚博物館が焼成実験をしたときのものである。土器の表面に融点の違う釉薬を埋め込み、どの温度のものが融けて、どの温度のものが融けていないかをモデル板と対照しながら調べたもので、この実験では、土器は800〜950℃くらいの高温で焼かれている。

　2番目のデータも、同じ加曽利貝塚博物館で行われた実験のデータである。これはモデル板ではなくて、熱電対という測定法を使って調べたもので、若干低めにはなっているが、それでもほぼ同じように700〜900℃という高温になっている。

　3番目は、縄文土器ではなくて弥生土器を作って焼成実験したときのデータである。関西大学の考古学研究室が行った実験であるが、加曽利貝塚博物館の焼成実験と大体同じような方法で行われているので、やはり同じように800〜1,000℃という高温になっている。

　高槻市教育委員会の焼成実験では、測定する位置が不適切であったために低い温度になっているが実際はもっと高温であったということである。

　縄文・弥生とつづいて、一番下に土師器の焼成実験のデータが載っている。これまで見てきた縄文土器や弥生土器の焼成実

験では、自然乾燥させた土器を遠火であぶって乾燥させた後、燃料の薪で覆って火をかけ一気に焼き上げるというものであるが、この土師器の焼成実験では、まったく別の焼成方法が用いられている。東南アジアのタイなどでは土器は伝統的に覆い焼きの方法で焼かれている。この覆い焼きは、まず燃料の藁を敷いた上に土器を並べ、間には竹などの燃料を詰め込み、さらに周りと上を藁で覆う。そして藁の上には灰を被せて一気に燃え上がらないようにして焼く。土師器のデータは、久保田正寿が籾殻を燃料にして焼成実験を行ったときのもので、この方法はどちらかというと覆い焼きに近い。この実験で測定された焼成温度を見てみると、縄文土器や弥生土器を焼成したときの実験データと違って、550〜750℃という低い温度で焼かれていることがわかる。

そこで、縄文土器片を分析して得られた焼成温度の推定値と、焼成実験で得られた焼成温度の2組の測定値を比較していえることは、焼成実験では高めの温度、縄文土器の分析では低めの温度という対照的な数字になっているということである。この2組の数字にこれだけ明瞭な差があるということは、これまで加曽利貝塚博物館などが焼成実験を行ってきた土器の焼成方法と、実際の縄文土器の焼成方法とは別物ではなかったのではないかということである。

これまでの焼成実験の結果を見ても、縄文土器の焼成実験と久保田正寿の土師器の焼成実験とでは、焼成方法の違いによって明らかに焼成温度に違いがでている。土師器の焼成実験では、

燃料が一気に燃え上がらないようにしたことが、低い焼成温度につながっていた。この2つの実験所見から考えられることは、当時の縄文人たちも何か温度が上がらないような方法を用いて、温度をコントロールしながら焼いていたのではないかということである。

　平成6年の春の考古学協会の研究発表で、小林正史らによる「縄文土器から弥生土器への野焼き技術の変化」という研究発表が東京学芸大学であった。私もその発表を聞いたが、ここでも縄文土器の焼成実験は加曽利貝塚博物館などで行われているのと同じ方法で行われていた。そこで筆者は日頃から疑問に思っている高い縄文土器の焼成温度について質問をしたことがある。返ってきた答は、低い温度というのは焼成時間が短かったためではないかというものであった。具体的な論拠を示しての回答でもなかったのでそれ以上の質問は差し控えたが、縄文土器の焼成方法について知ることのできる情報がない中で、もし550～750℃という温度が焼成時間の短さに起因するものであるならば、これは縄文土器の焼成方法を知る上で非常に貴重な情報ということになる。少なくとも、縄文土器そのものからは低い温度で焼成されているというデータが得られているからである。もし焼成時間と焼成温度との間に因果関係があるとすれば、まずこの両者の間に因果関係があることを証明する具体的なデータの提示が求められることになる。そして、因果関係のあることが証明されたのであれば、焼成実験はそのような条件設定の下で行われなければ意味がないのではなかろうか。

私のこれまでの縄文土器の研究は、縄文土器そのものの観察から出発しているので、縄文土器の焼成方法についても、縄文土器そのものの分析によって得られたデータにもとづいて検討すべきものと考えている。これまで数多く行われてきている焼成実験についても、いまだに納得できるデータの提示がないので、縄文土器の焼き方についてはもう一度原点に立ち返って再検討してみるべきではないかと思っている。

　ところで最近、筆者の疑問に答えるような新知見が得られているので少し紹介しておくことにする。

　岐阜県の飛騨地方を中心とする地域に、黒鉛を胎土に含む押型文土器が分布していることについては、すでに述べた通りである。黒鉛はダイアモンドと同じ炭素の同素体で、空気中で加熱すると500℃～600℃以上で着火する性質をもっている。最近になって同僚の上條朝宏から黒鉛の入った粘土を電気炉に入れて約800℃で1時間ほど焼いたところ、黒鉛は完全に燃えてなくなったという話を聞いた。この粘土は中島宏から貰っていたもので、"瓢箪から駒"のような話であるが、黒鉛が土器の焼成温度を示すバロメーターになっていたのである。ちなみに、長野県の樋沢遺跡などの押型文土器は、胎土に含まれる黒鉛がまったく燃えていない。中心部から表面まで黒鉛を含んだ黒っぽい胎土のままである。表面の黒鉛が焼けていないということは、これらの土器は焼成時間とは関係なく黒鉛が燃える温度よりも低い温度で焼成されたことを示していたのである。まだ、細かい温度と時間を設定した実験は行っていないが、縄文土器は草

創期から晩期にかけて焼成温度が大きく変化したというデータもないので、この新知見は、縄文土器の焼成温度のみならず焼成方法を考える上でも非常に貴重な情報になるのではないかと考えている。

　また、縄文土器の焼成方法の中には、焼締めのほかに特別な効果をねらって行われているものがある。土器の表面が生乾きの段階で丁寧な器面調整（研磨）を施し、これを意識的に黒色に焼き上げる"燻焼"という方法で、研磨との相乗効果によって土器の表面は黒光りのする金属光沢の器面に仕上がるというものである。装飾的な効果に加えて、炭素の粒子が胎土中の気孔を塞ぐため、水の浸透（水漏れ）を防ぐという実利的効果があるとされている。九州ではこの焼成方法は、中国の黒陶からの影響と考えられている（賀川 1966）が、日本列島では関東地方の後期の加曽利B様式あたりに初源があり、後・晩期に発達している。中でも東北地方に広く分布する縄文晩期の亀ケ岡式土器には、この黒色に"燻焼"された土器が大量にある。

10. 縄文土器の文様

　縄文土器の特徴は、その形と文様の種類が非常に多いというところにある（図33）。このことを最初に指摘したのは、E.S.モースで、彼は明治12（1878）年、わが国で最初の考古学的な発掘調査を行った大森貝塚の報告書の中で、この貝塚から出土した土器の特徴がどこにあるのかを的確に指摘している。土器の形や文様の種類が非常に多いこと、そして、これらの多種多様な文様で飾られた土器が、縄目文様で飾られた土器、コード・マー

図33　いろいろな施文原体

クド・ポタリー（cord marked pottery）によって代表されるものであることを見事に見抜いていたのである。それは、彼が日本各地の考古資料を調査しているうちに、貝塚から出土する土器には、共通して縄目文様が付けられているということに気付いたからであろうと思われる。現在、我々が一般的に使っている縄文土器の"縄文（紋）"という呼び方は、英文で書かれたthe inpression of well known cord markを日本語に訳したもので、モースが縄文土器の特徴としてあげたものは、そのまま今日でも通用するものとなっている。

（1）自然界から形を取る

　縄文土器を代表する文様は、いうまでもなく撚り紐を用いて施文された縄文であるが、土器の器面を飾ったのは縄文だけではなく、当時、身の回りをとりまく自然界からもまた文様を取り入れていた。しかしその取り入れ方は、土器の表面をキャンバスにして草や花、魚や鳥や獣などの形をそのまま描写して写し取ったものではなく、自然物が備える形をそのまま器面に押し付けて写し取るというものであった。そのため、多くは食料などとして集落に持ち込まれた貝や魚、草などから形が写し取られていた（図34）。

　代表的な文様は、二枚貝や巻き貝を用いた貝殻文である。貝殻は部分によって形が違うので、どの部分を土器面に当てて、どのような方法で施文するかによって、文様の形はいろいろと

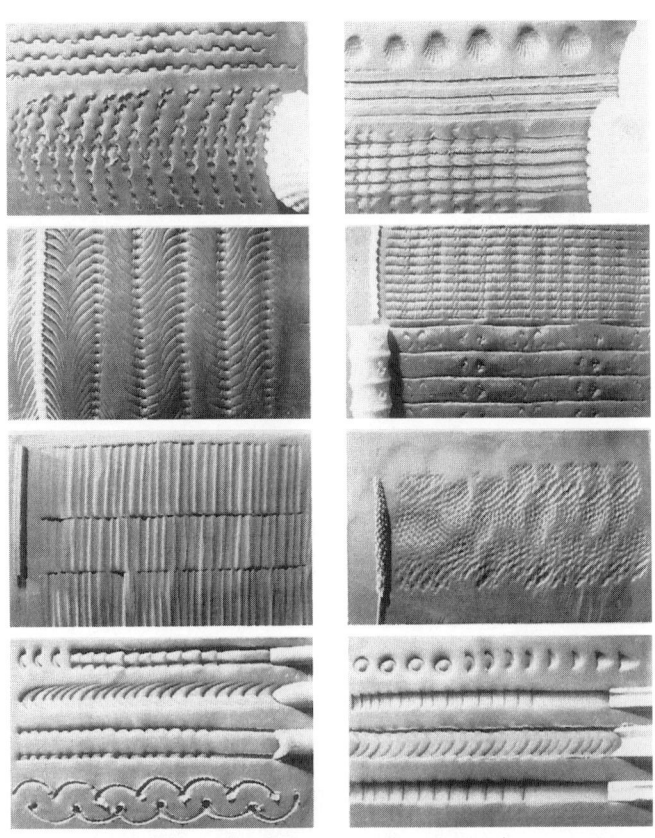

図 34 施文のいろいろ(可児 1988 より)

変化する。サルボウやハイガイ、アカガイなどのように放射肋をもつ二枚貝を用いて施文された文様には、貝殻の殻頂部を押圧して施文された"貝殻背圧痕文"、腹縁を引きずって施文された"貝殻条痕文"腹縁を押し引きして施文された"押引文"、腹縁を押圧して施文された"貝殻腹縁文"、腹縁をロッキングして

施文された"連続波状圧痕文"などの文様がある。流行り廃りはあったが、貝殻文は早期から晩期まで、そして北海道から九州までの広い範囲で用いられた縄文時代を代表する文様の1つで、中でも貝殻条痕文は広い範囲で用いられていた。西日本では後期以降、ヘナタリなどの巻貝を用いた"擬縄文"や"条痕文"などの別の貝殻文が流行した。

　縄文人が口にした魚の骨も、また施文具として利用されている。ニシン科の小魚の脊椎骨を押しつけて肋骨状の文様をつけた"魚骨押捺文"、ニシンやサケ科の魚の脊椎骨を回転してつけた"魚骨回転文"などの文様がある。魚骨押捺文は、古くは樺太（現サハリン）の続縄文系土器の例が知られていたが、縄文土器への施文例としては東京の前期の遺跡から発見されたものがただ1例知られているだけである。今のところ類例が増えたり、分布が広がったりするといった気配は感じられない。この魚骨押捺文は、同じ前期の土器に施文されている竹管文の一種である"肋骨文"と形状が非常によく似ているので、肋骨文はその名のとおり、魚骨のイメージを写し取った文様とも考えられる。また、魚骨回転文は、北海道から東北地方にかけての地域に分布する早期から中期の土器に見られるが、北海道では早期末から前期にかけての頃に流行するようである。

　さらに、施文具には動物に由来するものに加えて植物に由来するものもある。多くは加工を加えて特別に施文具に仕立て上げられたもので、そのまま用いられたものはきわめて稀である。その稀な例の1つにオオバコの穂（花茎）を用いた圧痕文と回

転文がある。地域は大きく離れているが、北海道の事例に加えて、最近では京都府の遺跡から出土した後期の土器や富山県桜町遺跡の晩期の土器などにも、オオバコの穂を用いて施文されたと見られる文様のあることが明らかになっている。オオバコの穂の回転文は一種の疑似縄文で、縄文との区別がむずかしいほどよく似ている。このほかにも、シソ科植物などの角柱状の茎を回転して施文されたと見られる簾状の文様や松ぼっくりを回転して施文されたとみられる爪形状の文様（新潟県後期）、くるみの堅果を押しつけた文様（北海道早期）がある。中でも簾状の文様は、新潟県小瀬ガ沢洞窟の草創期の土器に見られるだけで、今のところほかに類例を見ないめずらしい文様である。

このように、貝殻文を除いては、自然物がみずから備える形を土器の表面に写し取って付けるという文様は、縄文土器の中ではきわめて少ないということがよくわかる。とすると、このような類例の乏しい文様は、縄文人が気まぐれで施文してしまったというものなのであろうか。これについては明快な説明はできないが、たとえば、前期中葉の魚骨押捺文についてみれば、この時期には関東地方では縄文土器の器種が増え、文様も多様化している時期に当たるので、このような文様は土器の用途と関連して登場したものとも考えられる。

（2）特別に仕立てられた施文具

あらかじめこれという形の決まった文様で器面を飾るために

は、さらに加工された施文具が必要になる。たとえば、竹管文は円形で管状のものに加工を加えた施文具で施文された文様であり、押型文は表面に彫刻を加えた円形で棒状の施文具で施文された文様である（図35）。竹管文には"円形刺突文""爪形文""並行沈線文"などの名前で呼ばれる文様があり、縄文土器の文様の中では、縄文と並んで多用されている。

縄文は草創期後半と前期前半に、竹管文は前期後半から中期にかけての時期にそれぞれ流行したが、いずれも施文具と施文方法に工夫を凝らして、異常なまでに多様な文様を発達させている。しかし対照的なのは、文様の多様性を生みだしている要因が、縄文の場合には主として施文具である縄の種類の違いにあったのに対して、竹管文の場合には施文具ではなくて、多分に施文方法の違いにあったということである。

竹管文は、原体の断ち割り方、端部に加えられる加工の仕方によって施文具の形態が決まり、文様は、さらに施文具の形態の違いに加えて、施文具を土器面に当てるときの角度や動かし方の違いで変化するのである。佐原真は原体の竹管の外側を土器面に向けて施文したものを"外側竹管文－爪形文D"、その反対のものを"内側竹管文－爪形文C"として2種類に区別し、前期の爪形文の場合には、この大まかな分類を用いる方が研究には適しているといっている。

竹管文の最古段階には、特別な施文具によって施文された爪形文がある。草創期の"ハ"の字形爪形文で、最近ようやく施文具の復元に成功したものである。単軸絡条体の端部にV字状

10. 縄文土器の文様　113

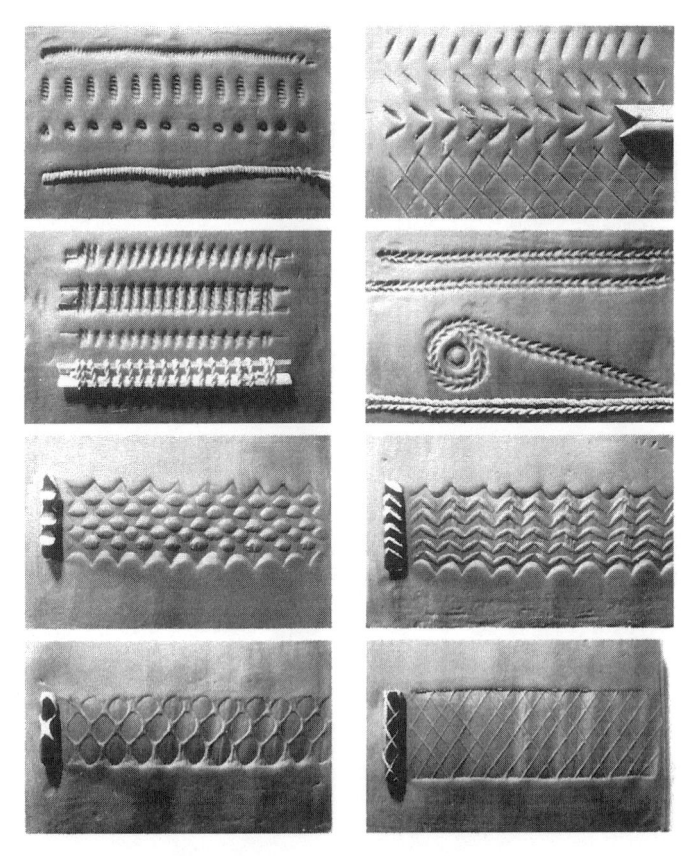

図35　施文のいろいろ（可児1988より）

の切り込みを入れ、その端部で刺突すると"ハ"の字形の圧痕が印される。この施文具は、特別に工夫された原体というよりは、弓矢の矢柄などのような日常の道具に由来する施文具とも考えられるが、使い方によっては爪形文と撚糸文（絡条体圧痕

文)という、まったく形状の異なる2つの文様の施文を可能にするのである。もし、このような想定が許されるとすると、先後の土器様式が文様よりも施文具によってつながっていたということも考えられるのである。

　押型文の原体もまた、日常の道具の丸棒状の柄などに施された彫刻に由来する可能性の高い施文具で、鉛筆ほどの太さの丸棒に彫刻を施して施文具とし、土器面に回転して文様をつけたものである。押型文には"山形文""楕円文""格子目文""ネガティブな楕円文""市松文""菱目文"などの名称で呼ばれる文様の種類があり、早期の前半頃に出現し、ほぼ全国に普及するが、北海道にはなぜか到達しなかったようである。押型文は土器の文様の上では数段階の変遷を経た後、早期の中頃でいったん途絶えるが、早期以外にも前期や中期、晩期に北海道や新潟県などに局地的に出現している。多分、木器や骨角器などに彫刻された文様を通じて隔世遺伝的に出現したものと考えられる。

(3) いろいろな縄文

　縄文土器を代表する文様は、いうまでもなく縄目文様で飾られた縄文である(図36・37)。縄文土器の文様の歴史の中では、粘土紐を貼りつけた隆起線文や豆粒文、竹管文の一種と考えられる爪形文や円孔文には出遅れるが、いったん使われだすとまたたく間に文様の王座についてしまったのである。もともと縄

10. 縄文土器の文様　115

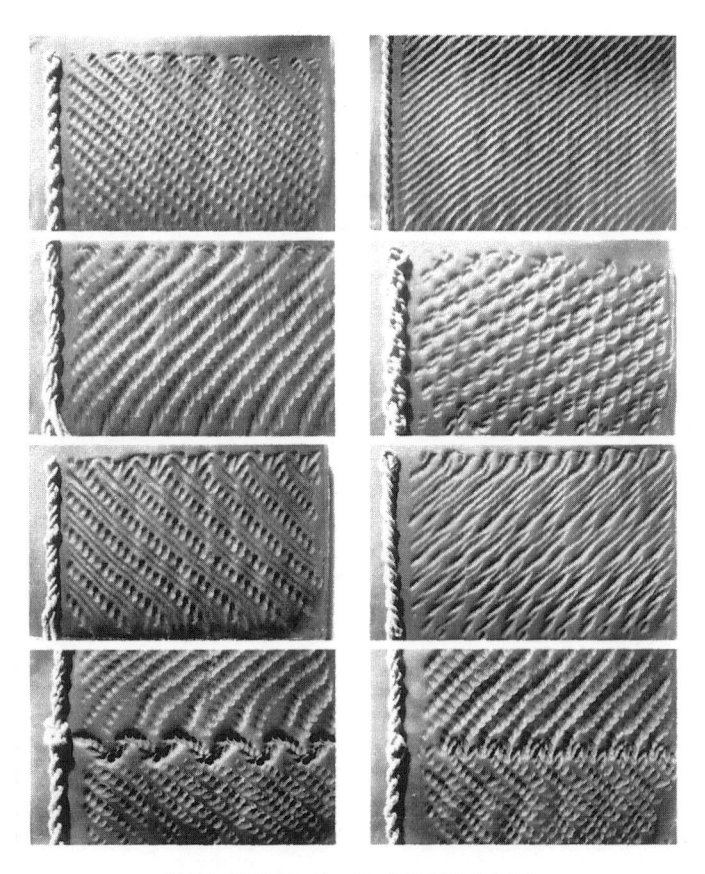

図 36　施文のいろいろ（可児 1988 より）

は施文具としてよりも身近な生活必需品として、日常的に使い慣れた生活用具の一種であったものであり、これが施文具として普及したのは、加工が容易で、しかも変化に富んだ文様を作りだすことができたからであろうと思われる。

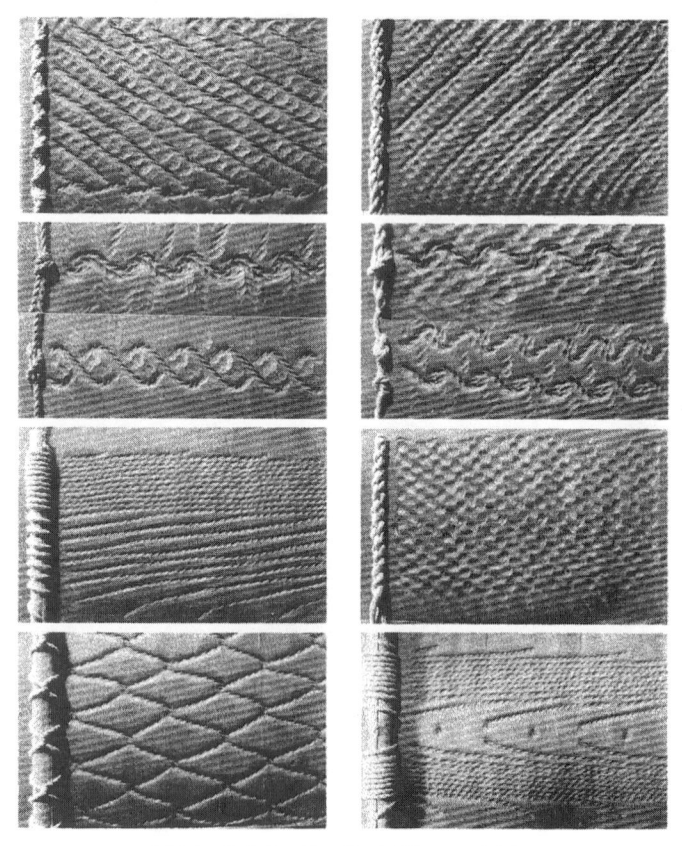

図37 施文のいろいろ（可児1998より）

"縄文"はモースが大森貝塚の報告書"Shell mounds of Omori"の中で、コード゠マーク（cord mark）と呼んだ文様を日本語に訳したものである。昭和6年（1931）に山内清男がこれを撚り紐の回転によって付けられた文様であると見抜くまでは、縄文

は編み物か織物の一種であろうと考えられてきた(杉山 1942)。しかし、コロンブスの卵のたとえのように、いったん謎が解けてしまうと複雑な縄目文様も、撚られた撚り紐の太さや、左撚りと右撚りの違い、さらに1段、2段、3段と撚り合わせていくという撚り紐づくりの基本的な操作によって復元することができるようになり、謎が謎ではなくなったのである。

　ところで、縄文土器の文様としての"縄文"の変遷を見てみると、草創期から晩期へむけて単純な縄から複雑な縄へという順序で変遷することはなかった。草創期の多縄文系土器様式から前期の羽状縄文系土器様式までの間に、ほぼ一通りの縄文の種類は出尽くし、以後は、むしろ衰退して単純化の方向をとった動きがみられるのである。なかでも草創期の多縄文系土器は、長い"縄文"の歴史の出発点に位置したわけであるが、まだ縄を土器面上に転がして、その軌跡の広がりの中に"縄文"の変化を求めることはなく、縄の側面や先端というように、器面への押しつけ方の中に文様の変化を求めている。この様式の土器には"自縄自巻"と呼ばれる特殊な原体や各種の絡条体、1段撚りの縄などが使われ、回転によらないで押しつけて付ける押圧縄文が特別に発達した。

　やがて、施文方法が押圧から回転へと移行していくと、文様の形は大きく様変わりした。これまでは縄の形態が圧痕として写し取られていただけであったものが、回転によって縄は展開し、縄のバリエーションが面としての広がりをもつ軌跡の中に現れるようになったのである。いわゆる、回転施文による"斜

縄文"の誕生である。縄文は米粒状の"節"とその節が列状に並ぶ"条"とによって構成される文様であるが、押圧縄文の手法では、節をもつ圧痕をとどめていた1段の縄も、回転押捺すると、節が消えて条だけの無節の縄文になるため、節を生じる2段の縄が作られ、使われるようになった。しかし、絡条体については、縄を巻き絡げる軸の多くが回転しない半截竹管を用いていたと考えられるため、回転手法の採用がただちに撚糸文の流行にはつながらなかった。

多縄文系土器様式の後半は、押圧から回転へという施文手法の交替があったにもかかわらず、回転縄文の種類は、わずかに撚りの異なる縄を撚り合わせた"正反の合"の縄による"異条斜縄文"を加えたくらいで、前半の反動からか、むしろ単純化へ向かう動きの方が強かったようである。多縄文系土器様式の後、早期撚糸文系土器様式、北海道早期平底土器様式の時期を除いて縄の使用は低調になり、復活したのは前期の羽状縄文系、円筒下層式の土器様式の時期になってからのことである。草創期と違って前期になると回転縄文の種類は一気に増え、草創期に見られた"正反の合"が復活するほか、"撚り戻し""羽状縄文""付加条""結び目""組紐""木目状撚糸文"などの縄文時代にみられる縄文のほとんどが、この時期に出揃うのである。

草創期の多縄文系から羽状縄文系に至る時の流れの中で、縄がもつ装飾の可能性が徹底的に追求された結果、前期後半から中期にかけて施文具は一転して縄から竹管や箆などに替わるが、この交替によって文様は装飾性から物語性へと大きく転換

し、縄文は主役の座から脇役の座へと大きく後退したのである。

(4) 色彩によるデザイン

　縄文土器には施文具のかわりに顔料を用いて器面を飾ったものがある。例は多くはないが、塗彩土器とか彩文土器と呼ばれているものである（図38）。顔料で土器の全面、あるいは一部に色付けをしたものを塗彩土器、顔料で文様を描いたものを彩文土器と呼んでいるが、縄文土器には焼成前の器面に顔料を塗って、焼成によって発色させたと考えられるものは、稀である。ほとんどが焼成後の器面に漆などの樹脂に混ぜて塗られていたようである。

　最近の調査成果によると、塗彩土器・彩文土器ともに縄文時代の

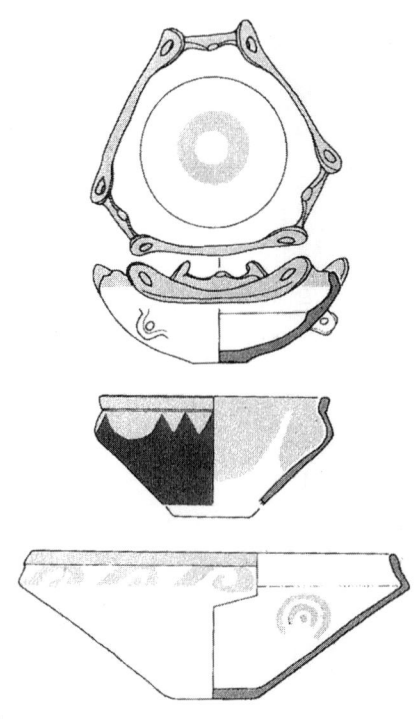

図38　顔料で塗彩・彩文された浅鉢（可児 1988 より）

草創期〜前期にまでさかのぼる例が増えてきており、漆などの樹脂の利用と密接に関連していたのではないかと想定されてきている。多分、木製品の発達とそれへの彩色・接着ということで、顔料などを固定するための接着材として漆などの樹脂の開発が促され、この木製品に用いられた彩色の方法が土器の施文に利用されたものと思われる。縄文時代を通じて彩色された土器が少ないのは、外国の彩文土器などとは違って、縄文土器の多くが煮炊きのためのものであり、土器には別の施文具を用いた装飾方法が確立していて、顔料を用いた装飾はもっぱら木製品を飾るための技術として発達したものと考えられるからである。

土器への彩色を見てみると、草創期と早期にはまだ類例も少ないようであるが、前期になると漆の利用とともに増えてくる。これまで彩文土器は中期以降になって初めてみられ、前期にはせいぜい他の文様を際立たせるために、部分的に彩色を施した塗彩土器がある程度と考えられていたが、福井県の鳥浜貝塚や山形県の押出遺跡の調査で、従来のイメージは変更を余儀なくされたのである。これらの遺跡からは、赤漆の上に黒漆で渦巻き文様を描いた見事な彩文土器が出土し、すでに縄文前期には高度な漆工芸が存在していたことが明らかになったのである。

中期になると、顔料で彩色・塗彩された土器はほとんどが浅鉢ということになり、これは前期の彩文土器が浅鉢形の有孔土器にほぼ限られているのと共通する。竹管などの施文具を用いて文様を付ける土器と違って、顔料で文様を描くことに、何か

特別な意味があったものとも考えられる。また、東京都世田谷区の中期の遺跡には白色粘土を顔料にした浅鉢のめずらしい例がある。あまり報告例がないということは、実態として類例に乏しいという現実を反映しているものと思われるが、最近、西田泰民からの情報で、鹿児島県の後期の土器に白色塗彩されたものがあることを知り、報告書類を調べたところ、南九州でも後期の台付皿形土器に白色の顔料を用いて塗彩されている例のあることが判明した。この顔料は成分分析により白い土が用いられているものと考えられている。外国の彩文土器でも白色の顔料の多くは鉄分を含まない白色粘土が使われているので、このことについては万国共通のようである。

後期、晩期になると彩文土器はさらに多彩になる。とくに、東北地方の亀ヶ岡様式の土器には黒漆、赤漆を巧みに使った華麗な彩文土器が数多くある。漆で飾られた木器や籃胎漆器の流行に呼応したかのような現象が土器についても見られるようになる。

なお、縄文時代に使われた顔料には赤色、黒色、白色の3種があり、縄文人が最も好んで使った赤色顔料には、ベンガラ（酸化第二鉄）と朱（赤色硫化水銀）の2種類がある。多くはベンガラが使用されていて、朱が使われた地域と時期はベンガラに比べてかなり限られていたようである。分析データを見ると、朱の使用例は後期（中期末？）以降、関東から東北地方にかけての地域に集中した分布が見られるのである。

黒色の顔料には煤や炭の粉が使われているものと考えられる

が、まだ詳細な分析は行われていない。ただ、黒の単色で器面を飾る場合には、"燻焼"の方法でも黒く仕上げることができるので、これまでの使用例を見ると、まず黒色の顔料で全面に着色し、その上に赤色顔料を用いた文様が描かれているので、黒色の顔料は赤色の顔料とセットで用いられていたようである。

11. 縄文土器はいつ作られたのか

次に、縄文土器はいつ作られたのか、その作られた季節についても諸説があるので、その代表的なものを取り上げて少し触れておくことにする。

小林達雄は、縄文土器の胎土にガマズミやエノコログサの実が混入していたり、ドングリが埋め込まれていたり、はたまたクルミの殻が押しつけられていたりする例があることなどから(図39)、土器が作られたのはそれらの収穫後、少なくとも中秋以降の季節であろうと推定している（小林 1978）。

また、加曽利貝塚博物館では新井司郎が製作実験の経験から、気温・湿度から考えると2月の終わりから6月の梅雨前までの時期が土器作りに適した季節であろうといっている（新井 1973）。夏を除いているのは、気温が高いと乾燥が早くて土器作りが大変だというのが理由のようであるが、日本よりも気温が高くて乾燥した国々でも土器作りは盛んに行われているので、これはあまり理由にならないようである。同

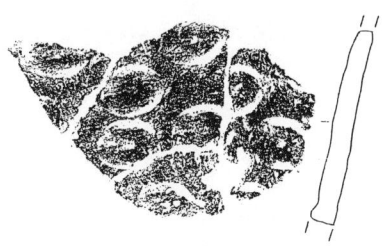

図39 クルミの殻を押し付けた土器
（大島 1999 より）

じ加曽利貝塚博物館で新井司郎と一緒に製作実験をしていた後藤和民は、気温と湿度という条件に加えて燃料の準備のことを考えると、縄文土器が作られた季節は春と秋であろうといっている（後藤 1980）。

いいところに目を付けていると思ったのは、『考古学ジャーナル』誌上に東北歴史資料館の山田晃弘が発表した説である（山田 1993）。東北歴史資料館（現・東北歴史博物館）では仙台湾に面した里浜貝塚を継続的に調査していたが、そこでは貝塚に堆積した貝の堆積層の一枚一枚がどの季節に堆積したものであるかを研究していた。たとえばハマグリなどの貝の断面には、木の年輪に相当する成長線がある。貝の場合は一日に一本の線ができるので、ある線の部分を起点にしてその成長線の数を数えると、その貝が捕れた季節がわかる。また、季節的に回遊する魚の骨が出てくれば、その貝層がいつの季節に堆積したものかがわかる。そこで、堆積した季節のわかる貝層の中に捨てられているものを調べると、それが使われ捨てられた季節がわかる。その捨てられた遺物の1つに、"スレ貝"（図40）と呼んでいる殻頂部に擦れて穴のあいたハマグリの貝殻があった。そこで、これが一体何に使われた道具であるのか考えた。詳細に観察したところ、その穴のまわりに粘土がこびりついているのを発見した。そこで、この貝殻の用途を土器の整形や生乾きのときに器面を研磨するための道具ではないかと考えたのである。土器の素地には混和材の砂が入っているので、使っているうちに砥石で研ぐように擦れて穴があいてしまったのであろうと。

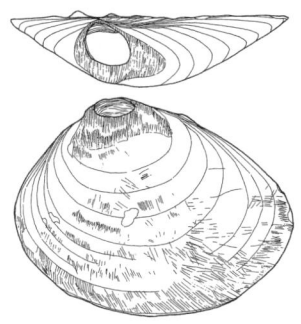

図40 スレ貝殻（宮城県里浜貝塚、岡村ほか1985より）

彼らはこのスレ貝が春から夏にかけての季節に堆積した層から出ているので、この時期に縄文土器が作られたのではないかと考えたのである。

　鈴木公雄は、山田の説よりは少し遅い夏の終わりから秋の始めにかけての季節を想定している（鈴木 1989）。鈴木は縄文土器の中に漆塗りのものがあることに注目して、良質の漆は初夏から盛夏にかけての時期に採れるので、それよりもやや遅れた時期に土器も作られていなくてはならないとして、土器作りのシーズンを夏の終わりから秋の初め頃と考えた。

　少なくとも、これらの諸説を見てもわかるように、縄文土器が季節に関係なく、いつでも作られていたといっている研究者は誰もいないのである。

　ここで筆者の考えを述べておくことにする。
1）土器を作るときに、木や草の葉を敷く例があることは先ほど述べた通りである。木の葉の多くは落葉樹の葉を使って

図 41　オオバコによる偽縄文（網野町教育委員会編 1993 より）

いるので、春先に芽吹いて秋に落ちる葉は、敷物として使える季節が限られる。しかも、その葉が使えるのは春先の柔らかい若葉ではなく、ある程度成長して堅くなった時期、つまり、初夏から霜が降りる前までの間ということになり、土器が作られたのも一応、その間ということが想定されることになる。

2）確認例はまだ少ないが、北海道の中期から後期にかけての時期の土器と京都府の後期初頭の土器に、オオバコの花茎（穂）の部分を転がして縄文に似た文様をつけたものがある（図41）。これは撚紐でつけた縄文と区別がつかないくらいそっくりな文様になる。オオバコの実は、ランの一種のネジバナと同じように螺旋状につながって並んでいるので、転がすと縄文とそっくりの文様になる。オオバコの実は、初夏の頃には花が咲き結実するが、ある程度実が熟して堅くならないと文様を付ける施文具としては使えない。しかし、反対に完熟した実はポロポロと落ちてしまう。オオバ

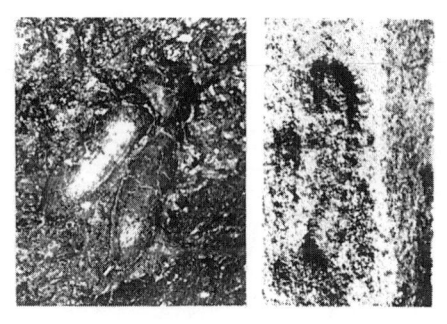

図42 ヤスデ(右)とカツオブシムシ(左)の圧痕(篠原1977・藤の台遺跡調査会1980より)

コの花茎が施文具として使える花期はかなり限定されることになる。

3) 千葉県の縄文後期の遺跡からヤスデの圧痕のついた土器片が発見されている(図42)。ヤスデという虫は、人家に近いところに棲息する節足動物で、これが土器の中に埋まっていた。また、東京都町田市の早期の遺跡からはカツオブシムシが同じように土器の中に埋っていたのである。いずれも成虫がいる季節は6月から10月くらいまでの間であるので、土器もその頃に作られたものと考えられる。筆者は土器の中から発見された虫をこのように土器作りの季節を考える材料として考えているが、ほかの研究者は、土器の中に埋め込まれていたということを重視して、この虫は「ねかし」を行っているときに粘土の中に取り込まれたものであって、縄文時代に素地の「ねかし」があった証拠と考え

図 43 縄文カレンダー（小林 1996 より）

ている（藤の台遺跡調査団 1979）。

　いずれにしろ、私がここで取り上げた事例から考えると、小林達雄が中秋以降といっているのは、土器作りにとってはちょっと季節が遅すぎるように思われる。それから、加曽利貝塚博物館の新井司郎がいっていた2月末から梅雨前までというのも、どちらかというと失格である。私の考えは、山田晃弘や鈴木公雄らが想定している季節と同じで、なぜか多くの研究者

が避ける初夏から夏にかけての時期、遅くとも初秋までの間のどこかの季節におさまるのではないかと考えている。

　ちなみに、鹿野忠雄が記録を残している台湾のヤミ族では、土器作りのシーズンが1年の暦のなかで、きっちりと決まっているのである。ヤミ族の暦では3月から6月にかけてはトビウオ漁の時期になっていて、彼らはこの季節には重要な食料源のトビウオを一生懸命とっている。7月から8月は船を作ったり家を建てたりする時期で、9月が土器作りの時期と決まっているのである。したがって、この時期に合わせて、燃料の薪は6、7月に伐って準備し、9月の初めには粘土も取ってきて用意する。10月以降は季節風が吹き荒れて気候的に土器作りには向かないので、土器は作っていない。

　縄文時代についてはどうかというと、小林達雄が想定しているように縄文時代にもきちんとしたカレンダーがあり（図43）、ヤミ族と同じように年間の生活暦の中に組み込まれていて、天候の安定した、比較的暇な時期を選んで土器作りを行っていたものと思われる。

12. 縄文土器は男が作ったものなのか、女が作ったものなのか

　最後に、縄文土器は男が作ったものなのか女が作ったものなのかという問題について触れておくことにする。

　世界の民族例によると、ロクロが出てくる以前の土器作りは、だいたい女が行っている。しかも、家庭で使う土器は女が作っている。これは男女の性分業にあたるもので、生理的に男に向く仕事と女に向く仕事があるからである。それで、一般的には土器作りは女がする仕事ということになっている。ところが先ほど例にあげた台湾のヤミ族では、土器作りをするのは男に限られているそうである。縄文土器についても、マードックが性分業について調査した世界の民族例を引いて、女が作ったとする説の方が有力であるが、男が作ったとする説もないわけでない（表3）。

　山内清男は、縄文晩期の土器に限っていえば、男が作ったのではないかといっている。この説も、縄文時代には性分業があったということを前提にしたもので、縄文時代の低湿地遺跡から出てくる木器の文様に注目したものである。木器を作るのは男の仕事と考えられているので、木器に彫られている文様と土器につけられている文様とが同じであるということは、土器も木器も男が作ったからではないかという論法によるものである。

表3 労働の性分業（マードックの表をグラフ化したもの・都出 1982より）

	労働種目	男女比 男と女との分担度合(%)	男性優位指数
1	金属工芸		100.0
2	武器の製作		99.8
3	海獣の狩猟		99.3
4	狩猟		98.2
5	楽器の製作		96.9
6	ボートの製作		96.0
7	採鉱・採石		95.4
8	木材・樹皮の加工		95.0
9	石の加工		95.0
10	小動物の捕獲		94.9
11	骨・角・貝の加工		93.0
12	材木の切り出し		92.2
13	漁撈		85.6
14	祭祀用具の製作		85.1
15	牧畜		83.6
16	家屋の建設		77.0
17	耕地の開墾		76.3
18	網の製作		74.1
19	交易		73.7
20	酪農		57.1
21	装身具の製作		52.5
22	耕作と植付		48.4
23	皮製品工芸		48.0
24	入れ墨など身体加飾		46.6
25	仮小屋の建設と撤去		39.8
26	生皮の調整		39.4
27	家禽や小動物の飼育		38.7
28	穀物の手入れと収穫		33.9
29	貝の採集		33.5
30	編物の製作		33.3
31	火おこしと火の管理		30.5
32	荷物運び		29.9
33	酒や麻薬づくり		29.5
34	糸や縄の製作		27.3
35	籠の製作		24.4
36	敷物（マット）の製作		24.2
37	織物製作		23.9
38	果実・木の実の採集		23.6
39	燃料集め		23.0
40	土器の製作		18.4
41	肉と魚の保存管理		16.7
42	衣類の製作と修膳		16.1
43	野草・根菜・種子の採集		15.8
44	調理		8.6
45	水運び		8.2
46	穀物製粉		7.8

直良信夫は明石原人の発見者としてよく知られた人であるが、直良は兵庫県の大歳山遺跡から出土した縄文前期の北白川下層式土器を観察して、土器の表面に残された爪の跡から、この土器を作ったのは女であるという説を唱えている（直良 1987）。爪の跡がたいへん華奢であったという理由からである（図44）。

縄文土器について積極的に発言している小林達雄の説はというと、縄文土器の激しい屈曲をとるプロポーションや物語性文様には彼らの世界観が表現されているとして、世界の民族例を参考に、これは男がやった仕事の可能性もあると想定している（小林 1986）。

ところで私の考えはというと、これといった考古学的な根拠のある説はもっていないが、縄文土器は男が作ったのではないかという程度の感想はもっている。逆説的ではあるが、世界の先史土器で、あるいは女が作ったとされる土器で、縄文土器ほど立体的で豪華な装飾の施された土器はないし、高さが1メートル、重さが数十キログラムという大形の土器が作られているのを見ると、体力的にも男のやった仕事と思わざるをえないのである。

また、さきほど縄文土器は夏に作られた可能性が高いとい

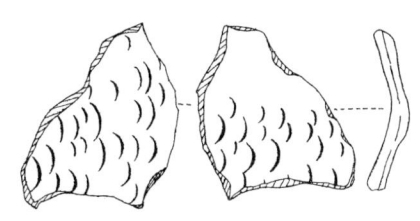

図44　北白川下層式土器の爪形文（直良 1987より）

う話をした。そこで、性分業の観点から縄文人が夏に行っていたとみられる作業を考えてみると、夏は四季のなかでも食料の端境期に当たり、その確保が非常にむずかしい季節に当たる。この時期、何をして食料を確保していたのか考えてみると、川魚などを対象にした内陸漁労が行われていた可能性が考えられるのである。そこで当時の漁労方法について見てみると、岩手県の萪内遺跡からは"エリ"の遺構が発見されているので、縄文時代にはこのほかにも"ヤナ"や"ウケ"などのような定置漁具がかなり発達していた可能性がある。定置漁具を使った漁労であれば、女や子供でも簡単に魚をとることができるので、この時期、体力のいる土器作りは男がやっていたという可能性が出てくることになる。

　最後に、土器の作り手が男か女かという設問のほかにも、土器作りの専門集団がいたのかどうかという問題がある。たとえば、古くからよく知られている千葉県の江原台遺跡や遠部台遺跡には、"土器塚"と呼ばれる大量の土器片を出す地点がある。縄文時代にも土器作りの専門集団がいたのではないかと考えている研究者の多くは、この土器塚から出土する大量の土器と、須恵器や陶磁器などの窯場にある"物原"や"灰原"から出土する大量の破損品とをダブらせて考えているわけである。少なくとも、須恵器や陶磁器は専門集団によって作られていたので、大量の廃棄物が専門集団と結び付いたのである。

　しかし、土器作りの専門集団がいなくても作り手が大勢いれば結果として大量の土器が作られるわけであるから、一カ所か

ら大量の破片が出るからといって、それを専門集団による土器作りと結び付けて考えるのは短絡的な発想のように思われる。縄文時代の貝塚にも見られるように、縄文人は食べた後の貝殻といえども、それをどこにでも捨てるということはしていなかった。場所を決めて捨てているのである。地点貝塚があったり、環状貝塚があったりするのはそのためである。土器についても貝塚と同じように、破損品を捨てる廃棄場所は決まっていたものと考えられるのである。私がまだ子供の頃のことであるが、近くにあった古い神社の境内にカワラケが山のように堆積した"土器塚"があったのを見た記憶がある。それに、専門集団がいたとすると、もう少しバリエーションの少ない、似たような作りの土器が大量に作られていてもよいように思われるのである。

また一方、博物館に展示されているような優品を取り上げてこれは土器作りの専門家でないと作れないという研究者がいるが、縄文土器にはこのような縄文工芸の粋を集めたような優品は非常に数も少ないのである。

はたして縄文時代には、土器作りの専門集団がいたのであろうか。筆者は縄文時代に土器作りの専門集団がいたとする説には否定的である。要は大量に捨てられている土器をどう捉えるのかということと、美術工芸的に見て非常に優れた優品をどう捉えるのかということの2点に集約されるが、前者については、"土器の衣替え"による一括廃棄といったような仮説（小林 1978）もあり、いずれも専門集団の存在を想定しなければ解釈できな

いという内容のものではないのである。

　たとえば、多摩ニュータウンからは縄文時代の大規模な粘土採掘坑が発見されていて、その近くからは大規模な集落遺跡が発見されている。多摩ニュータウンNo.245遺跡と呼ばれる中期から後期にかけての遺跡では、住居跡の中から粘土が発見されていて、土器を作っていたらしい痕跡も発見されている。これを古墳時代や奈良・平安時代の遺跡と単純に比較することはできないが、これらの時代になると粘土採掘坑の近くからは工房や窯が発見されることから、土器作りについてもその付近で行われていたことが想定されるのである。もし、縄文時代にも専門集団がいて粘土採掘坑の近くで土器作りが行われていたとすると、このNo.245遺跡はまさにその工房の存在が想定される集落ということになる。しかし、この遺跡から出土した土器を見るかぎり、施文のルールから外れた文様の土器があったりして、とてもそこに土器作りの専門集団がいたとは思えないのである。また、採掘されている粘土の量を見るかぎり、半端な数の土器を作っていたとは思えないので、当然、ここで集中的に作られていたとすると、ここで作られた土器は多摩丘陵内のかなり広い範囲に持ち出されていたということになるが、土器の顔付きは遺跡ごとに違っていて、とても一カ所で作られた土器には見えないのである。

　それでは、採掘された粘土はどうなったのかというと、No.245遺跡が各地に供給するための基地になっていた可能性は少ないのではないかと考えている。粘土採掘坑を見ると、採掘坑はい

ずれも径が1〜1.5メートル程度の大きさのもので、ほかの集落に大量に供給するというような規模では採掘されていないのである。もし土器作りのシーズンに大量に採掘されていれば、あのような採掘規模ではないはずであるし、また、大量に採掘されていれば粘土を集積しておくためのストックヤードがあるはずであるが、これも発見されていない。粘土の供給地であった可能性は少ないのではなかろうか。そこで、あのような大量な採掘坑があったことの意味を考えてみると、ここは入会地のような性格をもつ場所になっていて、各地の集落からやってきた人びとが採掘坑を単位とする採掘を行っていたために、あのような土坑群が残されることになったのではないかと考えられるのである。

　以上のような状況から判断しても、縄文土器はおのおのの遺跡で個別に作られていたということになるのではなかろうか。

　もし専門集団がいて大量に作られていたものがあるとすれば、それは後・晩期の製塩土器のように大量消費と結びついた特定の用途のための土器であるとか、非常によく似た土器が大量に作られ、しかも広域に分布している亀ケ岡式土器のような特定の時期や地域の土器については、あるいは想定することも可能になるかもしれない。

　以上、縄文土器の製作法については一通り触れたので、このあたりで終わりにするが、土器の製作法についての研究は、単に製作技術がどうであったのかという技術論に留まるものではなく、たとえば、縄文土器のルーツや縄文時代の集団関係がど

うであったのかなどということについても、この土器製作法についての研究成果が、これらの研究を進めていく上で大きな手掛りを与えてくれるものと考えている。

引用・参考文献

麻生　優　1953「竹管文に関する試論」『上代文化』24

阿部芳郎ほか　1995『市兵衛谷遺跡・新道遺跡』綾瀬市埋蔵文化財調査報告4

阿部芳郎ほか　1996「縄文時代の草創期土器の製作技術分析―大和市相模野第149遺跡・横浜市花見山遺跡出土土器の分布―」『綾瀬市史研究』3

阿部芳郎　2001「縄文土器の誕生」『日本人はるかな旅―マンモスハンター、シベリアからの旅立ち―』日本放送出版協会

阿部芳郎　2002『縄文のくらしを掘る』岩波ジュニア新書

網野町教育委員会編　1993『浜詰遺跡発掘調査概要』京都府網野町文化財調査報告8

新井司郎　1973『縄文土器の技術』中央公論美術出版

井口直司　1987「尖底土器底部圧痕類の研究―縄文時代早期尖底土器製作の一側面―」『東京考古』5

石岡憲雄　1983「撚糸文」『縄文文化の研究5　縄文土器Ⅲ』雄山閣

伊藤晋祐・増田　修　1983「製作実験Ⅱ」『縄文文化の研究5　縄文土器Ⅲ』雄山閣

稲田孝司　1972「縄文式土器文様発達史・素描（上）」『考古学研究』18－4

今村啓爾　1981「施文順序からみた諸磯式土器の変遷」『考古学研究』27－4

今村啓爾　1983「文様の割付と文様帯」『縄文文化の研究5　縄文土器Ⅲ』雄山閣

及川　洵　1972「成形方法を示す早期縄文の土器の一例」『考古学雑誌』57－3

大沢真澄・二宮修二　1983「胎土の組成と焼成温度」『縄文文化の研究

5　縄文土器Ⅲ』雄山閣

大島俊秀 1999『長万部町オバルベツ2遺跡』北海道文化財保護協会

大槻信次・寺畑滋夫 1978「赤色・白色塗彩の縄文中期末加曽利E式鉢形土器について」『武蔵野』63-2

大野政雄・佐藤達雄 1976「岐阜県沢遺跡調査予報」『考古学雑誌』53-2

大沼忠春 1985「魚骨文の新例について」『北海道考古学』21

岡本明郎 1962「日本における土器出現の自然的・社会的背景について」『考古学研究』8-4

及川良彦ほか 2000『多摩ニュータウン遺跡―No.247・248遺跡―』東京都埋蔵文化財センター調査報告第80集

及川良彦・山本孝司 2001「土器作りのムラと粘土採掘場―多摩ニュータウンNo.245遺跡とNo.248遺跡の関係―」『日本考古学』11

Okladnikov, A.P.1964 The Shilka Cave-Remains of an Ancient Culture of the Upper Amur River, *The Archaeology and Geomorphology of Northern Asia*, ed. by H.N.Michael, University of Tronto Press

大仁町教育委員会編 1986『仲道A遺跡発掘調査報告書』大仁町埋蔵文化財調査報告第9集

小野正文 1984「土偶の製造法」『甲斐路』50

可児通宏 1979「縄文土器の技法」『世界陶磁全集1　日本原始』小学館

可児通宏 1988「縄文土器の文様」『古代史復原3　縄文人の道具』講談社

可児通宏 1993「コラム　粘土採掘坑」『考古学の世界②関東・中部』ぎょうせい

可児通宏 1996「縄文土器の製作法」『東アジアにおける土器の起源に関する国際共同研究』

可児通宏 1996「縄文土器の製作法」『考古学を学ぶ』かながわ考古学同好会

可児通宏 1999「縄文キーワード　施文原体・粘土採掘坑」『考古学の世界』朝日新聞社

梶原　洋 1998「なぜ人類は土器を使い始めたのか―東北アジアの土器の起源―」『科学』68（4）

上條朝宏 1983「胎土分析Ⅰ」『縄文文化の研究5　縄文土器Ⅲ』雄山閣

鹿野忠雄 1941「紅頭嶼ヤミ族の土器製作」『人類学雑誌』56-1

河西　学 1991「伊藤窪第2遺跡出土土器の胎土分析」『伊藤窪第2遺跡』韮崎市教育委員会

賀川光夫ほか 1966『縄文式晩期農耕文化の研究に関する合同調査』

加藤唐九郎編 1972『原色陶磁大事典』淡交社

金持健司ほか 2004『多摩ニュータウン遺跡―No.520遺跡』東京都埋蔵文化財センター調査報告第127集

桐生市教育委員会編 1979『千網谷戸遺跡発掘調査報告書』桐生市文化財調査報告第4集

興野義一 1965「網代目文土器の新例」『石器時代』7

久保田正寿 1989『土器の焼成1―土師器の焼成実験―』

熊谷仁志 2004「特殊な施文具」『考古学ジャーナル』523

栗島義明 1995「神子柴文化の系統問題―ニーナ論文に寄せて」『土曜考古』23

甲野　勇 1976『縄文土器の話』学生社（『縄文土器のはなし』1953の復刻版）

小林達雄 1966「縄文早期前半に関する問題」『多摩ニュータウン遺跡調査報告』2

小林達雄 1974「縄文土器の起源」『考古学ジャーナル』100

小林達雄 1977a「縄文土器の世界」『日本原始美術大系1　縄文土器』講談社

小林達雄 1977b「祈りの形象　土偶」『日本陶磁全集3　土偶・埴輪』中央公論社

小林達雄 1978『日本の美術145 縄文土器』至文堂
小林達雄 1979「縄文土器」『日本の原始美術1 縄文土器Ⅰ』講談社
小林達雄 1986「土器文様が語る縄文人の世界観」『日本古代史3 宇宙への祈り』集英社
小林達雄 1987「日本列島における土器の登場―はじめにイメージありき―」『國學院大學考古学資料館紀要』第13輯
小林達雄 1988『縄文土器大観2 中期Ⅰ』小学館
小林達雄編 1989『縄文土器大観1 草創期・早期・前期』小学館
小林達雄 1996『縄文人の世界』朝日選書557
小林正史ほか 1994「縄文土器から弥生土器への野焼き技術の変化」日本考古学協会第60回総会研究発表要旨
後藤和民 1980『縄文土器をつくる』中公新書
後藤和民 1983「製作実験Ⅰ」『縄文文化の研究5 縄文土器Ⅲ』雄山閣
近藤義郎 1966「後氷期における技術的革新の評価について」『考古学研究』12-1
佐川正敏 1979「中野遺跡A地点〔グループⅡ〕371地区の土器」『函館空港・中野遺跡』みやま書房
佐原 真 1956「土器面における横位文様の施文方向」『石器時代』3
佐原 真 1967「山城における弥生文化の成立」『史林』50-20
佐原 真 1970a「土器の話（1）」『考古学研究』16-4
佐原 真 1970b「土器の話（2）」『考古学研究』17-1
佐原 真 1970c「土器の話（3）」『考古学研究』17-2
佐原 真 1971a「土器の話（4）」『考古学研究』17-4
佐原 真 1971b「土器の話（5）」『考古学研究』18-1
佐原 真 1971c「土器の話（6）」『考古学研究』18-2
佐原 真 1971d「土器の話（7）」『考古学研究』18-3
佐原 真 1972a「土器の話（8）」『考古学研究』18-4
佐原 真 1972b「土器の話（9）」『考古学研究』19-1

佐原　真　1973「土器の話 (10)」『考古学研究』19-3
佐原　真　1974a「土器の話 (11)」『考古学研究』20-3
佐原　真　1974b「土器の話 (12)」『考古学研究』20-4
佐原　真　1974c「土器の話 (13)」『考古学研究』21-2
佐原　真　1979a「技術と道具　手から道具へ・石から鉄へ」『図説日本文化の歴史1　先史・原史』小学館
佐原　真　1979b「土器の用途と製作」『日本考古学を学ぶ』2
篠原圭三郎　1977「千葉県僧御堂遺跡出土土器片混入のヤスデ圧痕」『千葉市中野僧御堂遺跡』
清水芳裕　1973「縄文時代の集団領域について」『考古学研究』19-3
清水芳裕　1983「胎土分析Ⅱ」『縄文文化の研究5　縄文土器Ⅲ』雄山閣
庄内昭男　1983「貝殻文」『縄文文化の研究5　縄文土器Ⅲ』雄山閣
庄内昭男　1983「施文原体　貝殻文」『縄文文化の研究5　縄文土器Ⅲ』雄山閣
白石浩之・丑野　毅　1996「寺尾遺跡第Ⅰ文化層出土土器の再検討」『考古学研究』42-4
杉山寿栄男　1942『日本原始繊維工芸史』原始編
鈴川朝宏　1971「縄文土器の製作について」『物質文化』17
鈴木公雄　1969「安行系粗製土器における文様施文の順位と工程数」『信濃』21-4
鈴木公雄　1989「縄文土器」『アジアと土器の世界』アジア民造研叢書2
瀬川芳則　1983「土器づくり」『古代日本の知恵と技術』朝日カルチャーブックス28
芹沢長介　1957「神奈川県大丸遺跡の研究」『駿台史学』7
芹沢長介　1962「縄文土器の起源」『自然』17-11
竹田輝雄　1976「中野式土器─胎土に含む撚糸繊維のX線透写の試みから」『北海道考古学』12

田中耕作 1991「村尻遺跡出土の「ねかせ」状態の焼成粘土塊について」『北越考古学』4

谷口康浩 2004「縄文の発生形態と施文原体」『考古学ジャーナル』523

都出比呂志 1982「原始土器と女性─弥生時代の性別分業と婚姻居住規定」『日本女性史1　原始・古代』東京大学出版会

坪井清足 1976「原始の美─可塑性への陶酔」『日本陶磁全集1　縄文』中央公論社

手塚達弥 2001『藤岡神社遺跡』栃木県埋蔵文化財調査報告第197集

東京都埋蔵文化財センター 2000『資料目録』12

戸田哲也 1983「縄文」『縄文文化の研究5　縄文土器Ⅲ』雄山閣

中谷治宇二郎 1929『日本石器時代提要』

中島　宏 1991「書評　岐阜県大野郡清見村はつや遺跡発掘調査報告書」『縄文時代』2

中村孝三郎・小片保 1964『室谷洞窟』長岡科学博物館考古研究室調査報告第6集

中村真理 2003「三十稲場式の文様施文について」『新潟考古』14

直良信夫 1987『大歳山遺跡の研究』(『播磨国明石郡垂水村山田字大歳山遺跡の研究』1926の復刻版)

西江清高 1995「中国先史時代の土器作り」『月刊しにか』5

西川博孝 1983「施文原体　竹管文」『縄文文化の研究5　縄文土器Ⅲ』雄山閣

西川博孝 2004「竹管文・爪形文の施文具」『考古学ジャーナル』523

西田泰民 1986「槙の内遺跡出土の黒浜式土器と諸磯b式土器の胎土」『槙の内遺跡発掘調査報告書』

バンディバー, B.P. 1991『東京国立文化財研究所・文化庁・スミソニアン研究機構研究交流備忘録』

福田芳生・三門　準 1987「走査型電子顕微鏡で観た繊維土器」『なりた』No.39

藤沼邦彦 1979「土偶─付土製仮面・動物型土製品」『世界陶磁全集1

日本原始』小学館

藤沼邦彦 1983「文様の描き方―亀ヶ岡式土器の雲形文の場合―」『縄文文化の研究5　縄文土器Ⅲ』雄山閣

藤の台遺跡調査団 1980「昆虫圧痕のみられる土器片について」『藤の台遺跡』Ⅲ、藤の台遺跡調査会

増島　淳 1975「千居出土土器の母材」『千居』加藤学園考古学研究所

松浦史浩 1995「浮島式土器の施文技法について―変形爪形文・波状貝殻文・三角文―」『東京大学文学部考古学研究室研究紀要』第13号

松田光太郎 2004「貝殻文の施文具」『考古学ジャーナル』523

メドベェージェフ,V.E 1994「ガーシャ遺跡とロシアのアジア地区東部における土器出現の問題について」『環日本海地域の土器出現期の様相』1993年度日本考古学協会シンポジウム

八幡一郎 1935「日本石器時代文化」『日本民族』東京人類学会

八幡一郎 1941「日本石器時代土器の基礎的技術」『歴史公論』6-1

八幡一郎 1953『日本史の黎明』有斐閣

八幡一郎 1963『陶磁全集29　縄文土器・土偶』平凡社

八幡一郎 1979「概説　日本」『世界考古学事典』下、平凡社

山内清男 1929「関東北に於ける繊維土器」『史前学雑誌』1-2

山内清男 1958「縄文土器の技法」『世界陶磁全集』1、河出書房新社

山内清男 1964「日本先史時代概説」『日本原始美術Ⅰ　縄文式土器』講談社

山内清男 1979『日本先史土器の縄紋』先史考古学会

山内清男・佐藤達夫 1964「縄紋土器の古さ」『科学読売』14-12

山田晃弘 1993「貝塚から見た亀ヶ岡文化―里浜貝塚の調査から―」『考古学ジャーナル』368

渡辺　誠 1987「日韓におけるドングリ食と縄文土器の起源―韓国における考古民族的研究Ⅱ―」『名古屋大学文学部研究論集』98（史学33）

おわりに

　"縄文土器はどのようにして作られているのか"というテーマについて、常日頃考えていることをまとめてみた。しかし、縄文土器は作られた期間が非常に長く、しかも広い地域に分布しているので、この製作法についても縄文土器の全体を俯瞰した内容にはなっていない。今後とも機会があれば内容の充実に向けてさらなる検討を加えていきたいと考えている。

　ところで、私がこの原稿をまとめてみようと思い立った動機であるが、縄文土器の製作法については今から25年ほど前、昭和54年に刊行された小学館の『世界陶磁全集』というシリーズ本の中に「縄文土器の技法」という拙文を書いたことがある。かなり昔のことになってしまったが、その後、かながわ考古学同好会の例会で「縄文土器の製作法」という演題で講演したものが記録集に収録されて、平成7年に刊行されたが、これはその時の話をテープ起こししたものあり、ほぼ同じ内容のものが『東アジアにおける土器の起源に関する国際共同研究』(1996)にも収録されていて、私が土器の製作法について触れたものとしては、この3つが活字となっている。とくに後の2つは、広く巷に出回っているわけではないが、十分意を尽くしていない中途半端な内容のものが活字として残ることになってしまった。そのため、折りを見ては少しずつ書き加え、一応、完結した内容のものとして仕上がったのが本書ということになる。

また、このような動機とは別に、縄文土器の製作法についてこれまで体系的に書かれたものがほとんどなかったということである。しかも、書かれているものに目を通して見ると、内容に疑問符の付くようなことが書かれているので、それについてもこの際、異を唱えておきたいと考えたからである。

　動機の後段については、少々、心もとないところもあるが、最後にこの研究について常日頃思っていることを述べて"おわりに"としたい。

　私が縄文土器の製作法に興味を持ったのは、学生時代に卒論を書いていて、思いがけない発見をしたのが契機になっている。当時はまだ縄文土器の製作法についての認識は、常識的に考えてそうであろうという程度のものではなかったかと思う。私のような経験がなければ、認識を新たにすることもなかったのではなかろうか。

　このことは、縄文土器の製作実験についてもいえることで、多くの製作実験は、現代の陶芸の常識を基にして行われているのではなかろうか。私は製作実験を目的にした土器作りはやっていないが、子供の頃から陶芸が好きで、焼き物はたくさん作ったことがある。最近ではもっぱら縄文土器のコピーを作って楽しんでいる。その時の経験に照らしても、また、実際の縄文土器の観察所見に照らしても、これまで製作実験について書かれているものを読んでみると、納得のいかないことがたくさん書かれている。たとえば、縄文土器の素地は、粘土にロームや黒土を混ぜて作られていると書かれているものなどは、その最た

るものである。窯を使って高温で焼く現代の陶芸では、しばしば耐火性のない粘土に耐火性を与えるためにロームなどを混ぜることがあるようであるが、縄文土器は高温で焼かれることはないので、あえて可塑性を損なうようなものを混ぜてまで粘土に耐火性を与える必然性がないのである。書かれている通り、いろいろと試してみた結果、この調合が実物の縄文土器の胎土と最もよく似たものになったというのであれば、これは生物学でいう"相似"であって、"相同"ではなかったのではないかという気がしてならないのである。ロームや黒土を混ぜて作られた素地は、可塑性の乏しいものになる。質の悪い素地に仕上がるということである。このような質の悪い素地を用いると、この影響は単に形が作りにくくなるという成形の作業にとどまらず、土器作りのいろいろな工程の作業に影響することになる。そのような素地を用いて行なわれた製作実験については、いくら細かく作業内容が記述されていても、それは良質の素地を用いて作られている縄文土器の製作法とはまったく別物ということになってしまうのである。製作実験の結果は、あくまでも可能性の一端を示すものであって、絶対ではないということである。慎重の上にも慎重な取り組みが必要とされる所以である。

　また、最近ちょっと気になっているのが、西アジアの土器はＳＳＣ法という粘土板をパッチワークのように継ぎ合わせる方法で作られているという説である。日本でも草創期の縄文土器がこの方法で作られていると考えている研究者がいる。実物を比較検討した上での結論とも思えないが、これも異を唱えてお

きたいと思っているものの一つである。少なくとも私がこれまで観察してきた縄文草創期の土器の中には、明らかにパッチワークの要領で成形されたと見られる資料はまだ確認していないのである。草創期の隆起線文土器については、明らかに輪積み法で成形されたと確証できる資料を目にしているので、かりに縄文時代の草創期に西アジアにまで連なるＳＳＣ法による成形方法が存在したとすると、草創期には、ＳＳＣ法と後に主流となる輪積み法の２つ成形方法があって、それが輪積み法に収束していくという図式を描くことが必要になってくる。細かい破片を詳細に観察して一定の結論を得たというのであれば、その手続きそのものに異を唱えるつもりはないが、このことに関しては、どうも初めにパッチワークありきで、例えていうならば、枝葉を見て幹は見ていないのではないかという気がしてならないのである。

　いろいろと批判めいたことを述べてきたが、この方面の研究では何よりも実物の土器を手にしての観察が基本となる。だが、昨今の調査現場では作業の効率化を図るために、整理作業についてもその大部分が作業員の手に委ねられていて、調査担当者が直接土器を手にして観察するというような機会は著しく減っているように思われる。私の経験からいっても、土器の製作法についての研究は、水洗から接合までの間にどれくらい土器に眼を通すことができるかということによって決まるものと考えているので、資料は増加しているものの、研究を進める上での環境は反対に悪化しているのではないかと危惧している。私が

土器の製作法についてことさら関心を持つのも、この製作法の研究が単に技術論にとどまるものではないと固く信じているからである。たとえば、目に見えないほど遠方にあるものでも望遠鏡を使えば見ることができるし、反対に小さいものでも顕微鏡を使えば見ることができる。縄文文化についても、この「土器製作法」を望遠鏡や顕微鏡のような装置に見立てて縄文文化を見れば、少しはその姿を見せてくれるのではないかと考えている。今後は、この装置を使えば縄文文化のどの部分が見えてくるか、その最も効果的な活用方法についても考えてみたい。

　なお、本書の執筆にあたっては、多くの先学の業績を多数参考にしているが、本書では自説の展開が中心の記述となったため、その業績についてはあまり触れていない。他意があるわけではないが、内容が多岐にわたるため、結果としてこのような記述になった非礼をお詫びしておきたい。特に、小林達雄氏の『縄文土器の研究』（小学館 1994）に収録されている論文等からは多くを得ている。小林氏には学生時代から考古学の手ほどきを受けており、本書についても上梓に先立って一読をお願いし、ご指導・ご批判をいただいている。また、東京都埋蔵文化財センターの上條朝宏氏には、電子顕微鏡での撮影に協力していただき、東京大学の佐藤宏之氏には、本書刊行のきっかけを作っていただいた。ここに明記してお礼申し上げる次第である。

　2005 年 1 月

可児通宏

■著者略歴■

可児通宏（かに・みちひろ）

1943年　岡山県生まれ
1967年　國學院大學文学部史学科卒業
1967年　多摩ニュータウン遺跡調査会調査員
1973年　東京都教育委員会（学芸員）
1980年　（財）東京都埋蔵文化財センターへ出向
2003年　東京都教育委員会を定年退職
その後　東京都教育委員会嘱託員
　　　　國學院大學講師　　　　　　　　　　等を歴任
〈主要著書・論文〉
「縄文土器の技法」『世界陶磁全集１』小学館、1979年。「縄文土器の文様」『古代史復原３』講談社、1988年。「縄文人の生活領域を探る」東京都埋蔵文化財センター研究論集Ⅹ、1990年。「縄文時代のセトルメント・システム」季刊考古学44、1993年。「東アジアにおける出現期の土器の様相」國學院大學考古学資料館紀要第19輯、2003年。ほか多数。

考古学研究調査ハンドブック②
縄文土器の技法

2005年2月28日　初版発行
2016年5月28日　第2刷

著　者　可　児　通　宏
発行者　山　脇　洋　亮
印刷者　亜　細　亜　印　刷 ㈱

発行所　東京都千代田区飯田橋4-4-8　㈱同　成　社
　　　　東京中央ビル内
　　　　TEL03-3239-1467　振替00140-0-20618

Ⓒ Kani Michihiro　2005. Printed in Japan
ISBN978-4-88621-312-9 C3321